GAY HARDCORE 19

Gärtner-Meister

Max Wildrath

BrunoBooks

Gay Hardcore 19

Salzgeber Buchverlage GmbH
Prinzessinnenstraße 29, 10969 Berlin
buch@salzgeber.de

Umschlagabbildung: © falconstudios.com
Falcon Studios Group (Model: Arad Winwin)
Printed in Germany

ISBN 978-3-95985-408-5

Die in diesem Buch geschilderten Handlungen sind fiktiv.

Im verantwortungsbewussten sexuellen Umgang miteinander gelten nach wie vor die Safer-Sex-Regeln.

1. Gran Canaria

Diesen Urlaub haben wir uns redlich verdient.

Thimo und ich haben das ganze letzte Jahr geschuftet, um das Haus und die Gärtnerei, die wir vor gut einem Jahr zusammen gekauft haben, wieder auf Vordermann zu bringen. Wir wussten, was an Arbeit auf uns zukommt und wollten das – es war der Preis, um endlich selbst Chef sein zu können und auf niemanden mehr hören zu müssen, der Anweisungen gibt. Das vertragen wir beide nicht. Wir wollen das Sagen haben.

Alles in allem lief das Jahr geschäftlich schon ganz gut, und als Thimo vorschlug, doch im Januar, nach dem Allerheiligen-, Advents- und Weihnachtsgeschäft für zwei Wochen nach Gran Canaria zu flüchten, war ich sofort einverstanden.

In eine schwule Clubanlage mit Dauerbeschallung und so wollten wir diesmal nicht. Wir haben uns ein Haus gesucht, kleiner Pool, ummauerter Garten. Zwei Schlafzimmer, wie zu Hause. Jeder soll abschleppen können, wen er will und wann er will. Strand und Dünen sind nicht weit …

Die ersten beiden Tage haben wir kaum was gemacht,

lang geschlafen, ausgiebige Siesta. Wir waren beide urlaubsreif. Thimo war sogar zu faul, um sich zu rasieren, und er hat beschlossen, es diesen Urlaub ganz bleiben zu lassen.

Allmählich melden sich die Hormone wieder. Ich merke, wie oft sich Thimo am Sack kratzt und seinen Halbsteifen in seiner Shorts hin- und herschiebt. Mir geht es ähnlich.

Natürlich treiben wir es auch miteinander. Gucken zusammen Porno und wichsen relativ oft, aber wir sind beide eindeutig Ficker, und so ziehen wir am liebsten gemeinsam eine Stute durch; und nur ab und zu, wenn sonst kein Loch aufzutun ist, lasse ich ihn mal bei mir rein. Er lässt sich nicht bumsen. Ich finde einen Schwanz im Arsch durchaus geil, aber die passive Rolle passt einfach nicht zu meinem Selbstbild. Dass ich es mir manchmal mit einem Dildo besorge, muss Thimo nicht wissen. Und wir haben eine klare Abmachung. Jeder kann ficken, wen er will, aber nur er darf mich bumsen. Manchmal.

»Gehen wir auf die Pirsch?«, schlage ich vor. »Du hältst es doch kaum noch aus.«

»Strand oder Dünen?«

»Erst mal Strand. Schauen, was hier so unterwegs ist.«

Wir packen all den Strand-Krempel zusammen und machen uns auf den Weg. Der Ferienhaus-Prospekt war geschönt, ein halber Kilometer ist es wohl schon. Nicht wirklich weit, aber mit Sonnenschirm, Kühltasche, Badezeug … es zieht sich. In den Dünen kommen uns schon diverse Gays entgegen, von denen uns einige anerkennende Blicke zuwerfen. Wir wissen, wir machen was her, gerade zusammen, aber noch brauchen wir keine Bewunderer und wollen uns erst mal irgendwo niederlassen.

Es ist nicht sehr voll und der Strandabschnitt ist eindeutig schwul, hier sind nur Männer, zum Teil nackt, zum Teil mehr oder weniger angezogen. Die Spanier und Engländer sind klar erkennbar, die einen sind braun, die anderen käseweiß oder krebsrot; der Rest Europas liegt irgendwo dazwischen. Wir suchen uns eine Kuhle am Rand der Dünen, breiten unsere Utensilien aus und bleiben erst mal im Schatten. Gucken, was so läuft.

Ein Stück entfernt ist ein Trampelpfad in die Büsche, da läuft so einiges vorbei, in beide Richtungen, und zum Teil sind durchaus leckere Kerle darunter, die uns mit einem Kopfnicken einladen würden. Wir haben uns aber vorgenommen, niemandem hinterherzulaufen – wenn, dann soll einer zu uns kommen.

Als Thimo gerade zum Strandkiosk unterwegs ist, um uns ein Eis zu holen, traut sich der erste zu mir. »Hat dich dein Freund allein gelassen?«

Was ist das denn für eine blöde Anmache? Meint er, weil ich allein hier liege, warte ich auf den erstbesten Kerl?

»Verzieh dich!«

»Oh, sind wir schlecht aufgelegt?«

»Ob du schlecht aufgelegt bist, ist mir egal. Aber wenn du nicht gleich die Fliege machst, bin ich es. Klar?«

Er zieht ab. Thimo kommt wieder, bringt zwei Nogger mit. »Was war das denn für ein Typ?«

»Keine Ahnung. Ein Idiot.«

»Der Eismann ist übrigens ganz schnuckelig. Leider muss er arbeiten.«

Thimo ist mit seinem Eis schon fertig. »Ich suche mir jetzt ein ruhiges Plätzchen in den Büschen. Mal sehen, was so vorbeikommt. Bleibst du hier? Nachher passe ich auf unser Zeug auf und du kannst los. Okay?«

Abgang Thimo. Bevor er in den Dünen verschwindet, lässt er noch ausgiebig den Blick über den Strand schweifen, damit auch alle merken, wohin er jetzt geht. Kaum ist er verschwunden, folgt ihm schon der Erste. Ich weiß aber, das ist ganz und gar nicht sein Typ, der wird bald wieder auftauchen. Und so ist es.

Kurz darauf ein anderer, der passt eher in unser Beuteschema. Ich gucke mal auf die Uhr. Der Kerl kommt nicht wieder. Dafür nach etwa zwanzig Minuten Thimo. »Willst du ficken? Beim zweiten Abzweig rechts liegt ein geiles Loch. Meine Soße hat er schon drin, aber er meint, er verträgt noch einen Schwanz. Schau ihn dir an. Extrem nymphoman. Aber nicht schlecht als Stute, der Typ.«

Ich mache mich auf den Weg. Wenn das der Kerl von vorhin ist …

Er ist es. Steht nackt mit halbsteifer Rübe am Hauptweg und winkt, als er mich kommen sieht, und kaum sind wir hinter einer Hecke verschwunden, hat er mir schon die Badehose runtergezogen und wichst mich hart. Als mein Rohr steht, wirft er sich auf den Rücken in den Sand, zieht die Beine an und präsentiert schamlos sein Loch, in dem noch Spuren von Thimos Sperma silbrig schimmern. »Du brauchst keine Creme. Die Spucke reicht. Fick mich!«

Ich stecke ihm drei Finger auf einmal rein. In dieser Fotze waren garantiert schon viele Schwänze, der ist eine richtige Sau. Finger raus, und dann ist sein Arsch dran. Ich verpasse ihm meine Fleischwurst und ficke mich aus in diesem geilen Loch, reite ihn zu, schmeiße ihn auf den Bauch, spieße ihn wieder auf. Er feuert mich an, ich solle schneller, fester … und da kann ich nicht mehr, bäume mich auf, gefühlt pumpe ich mindestens einen halben Liter Sahne in ihn, ehe ich japsend zur Seite kippe.

»Ihr seid gut, dein Kumpel und du. Große Kolben. Und ihr könnt was.«

»Danke. Aber bist du jetzt überhaupt gekommen?«

»Nein. Macht aber nichts. Thimo hat mich vorher zum Abspritzen gebracht. Wie heißt du eigentlich?«

»Carsten.«

»Ich bin Maik. Mit A-I. Also, Carsten, wenn ihr wollt, können wir's noch mal zu dritt machen. Ich vertrage auch zwei Schwänze.«

»Das hab ich gemerkt.«

»Nein, nicht nacheinander, wie du denkst. Gleichzeitig.«

»Du lässt dir zwei Schwänze zugleich reinschieben? Da muss es dir doch den Arsch zerreißen!«

»Nein, das ist megageil. Ihr könnt es euch ja überlegen. Wenn ihr noch da seid, komme ich nachher noch mal bei euch vorbei.«

Ich liege wieder neben Thimo und frage, was er von Maiks Vorschlag hält.

»Er will sich unsere beiden Kolben reinziehen? Ich bin dabei. Das will ich sehen. Und wenn's nicht klappt, ficken wir ihn halt so. Ich könnte schon wieder. Suchen wir ihn?«

Er hat sich die Badehose runtergezogen und zeigt seinem Pimmel die Sonne.

»Warte. Er hat gesagt, er kommt. Und ich bin noch nicht wieder so weit.«

Ich ziehe mich auch ganz aus, lege mich auf den Bauch in die Sonne, genieße Wind und Wärme an Sack und Arsch, genieße auch die unterwürfig-geilen Blicke, die einige der Spaziergänger auf uns werfen.

Ich muss eingeschlafen sein, ein schnalzender Hieb auf meinen Hintern lässt mich aufschrecken. Thimo natürlich, wer sonst. »Wir haben Besuch und du pennst!«

Maik sitzt neben uns, die beiden haben sich wohl schon eine Weile unterhalten, und dann ist ihnen der Gesprächsstoff ausgegangen. »Was ist – willst du auch? Sonst gehen wir beide alleine. Ich platze gleich!«

»Wartet, ich komme mit. Muss nur erst aufwachen.«

»Dein Schwanz auch!« Maik ist wohl nicht überzeugt, dass ich bald wieder einen hochkriege, aber Thimo zerstreut seine Bedenken. »Du lutschst ihn und ich steck ihm einen Finger ins Arschloch. Dann wird er geil. Garantiert.«

Wir machen uns auf den Weg, Maik läuft splitternackt vor uns her, der ist vollkommen schamlos. An der gleichen Stelle wie vorhin ziehen Thimo und ich uns aus. Ich bin inzwischen auch ohne Finger hinten drin geil geworden, und wir lassen uns ausnahmsweise von Maik kommandieren. »Legt euch auf den Rücken und rückt so zusammen, dass ihr jeweils ein Bein so halb auf, das andere halb unter dem Oberkörper des anderen habt und eure Säcke und

Schwänze sich treffen.« Bei diesen Verrenkungen kriegen wir den Sand überallhin, aber es gelingt, und dann stellt sich Maik breitbeinig neben uns, senkt seinen Hintern, reißt sich selbst das Loch auf, quetscht unsere Eicheln zusammen, holt tief Luft und lässt sich fallen.

»Uaahiih …«, er jault laut auf, es war wohl doch mehr, als er erwartete. Ich kann außer meinen Armen nun nichts bewegen, eine Arschbacke sitzt auf meinem Bauch, mein Schwanz ist eingeklemmt in einem engen Kanal, der Druck auf meine Eier fast zu viel. Maik hebt seinen Hintern ein wenig, das nimmt den Schmerz von den Hoden, und ich fasse mit einer Hand unter Maiks Arsch, um zu verhindern, dass der sich wieder so ganz fest an uns presst. Thimo hatte die gleiche Idee, unsere Finger treffen sich in der Arschritze und ich ertaste, was ich nicht sehen kann: zwei Monsterkolben in einer Männerfotze!

Maik reitet nun auf uns, nicht schnell und so, dass wir nicht rausflutschen, dazu kneift er rhythmisch sein Loch zusammen.

Auf der einen Seite meines Kopfes liegt Thimos Fuß, auf der anderen Seite sehe ich, dass wir Zuschauer bekommen haben. Kein Wunder, so wie Maik vorhin gejodelt hat, müssen die gedacht haben, da wird einer abgestochen. Nun bleiben sie hier und lassen sich von unserer Nummer antörnen. Ein paar haben ihre Kolben ausgepackt und kommen wichsend näher. Direkt über mir habe ich nun Beine und Arsch eines hechelnden Kerls, der gleich darauf Maik mit seiner Sahne bespritzt. Der hat zwei andere Typen an ihren Eiern zu sich gezogen, presst ihre Latten zusammen und zieht sie sich beide rein. Nun hat er vier

Schwänze drin! Über mir schnaubt und prustet es, keine Ahnung, wie viele Wichser da um uns rumstehen, immer wieder treffen auch mich Spermafladen von Ich-weiß-nicht-wem, und immer noch reitet Maik unsere Schwänze. Nun spüre ich, wie Thimo zustoßen will, ich versuche, im gleichen Takt mitzumachen. Es ist jetzt nicht nur der Fick selbst, der mich zum Höhepunkt treibt, es ist die Vorstellung von vier Schwänzen in einem Kerl und das ganze Drumherum hier, mehr oder weniger in der Öffentlichkeit. Thimo stöhnt, »Komm, komm, komm …«, wir vögeln uns zum Abgang, ich spüre im Pimmel, wie das Rohr neben meinem pumpt, da geht auch bei mir die Post ab, und nun gibt sich Maik die Faust, kneift sein Loch zusammen und sein Sperma schießt locker einen Meter weit raus in den Sand.

Noch mindestens drei Kerle laden ihre Soße über uns ab, einer spritzt mir sogar ins Gesicht, wenn ich den jetzt erwischen könnte … Irgendwann sind wir wieder allein, Maik steigt von uns ab und lässt sich in den Sand plumpsen. »Das war die heißeste Nummer des ganzen Urlaubs. Schade, dass ich euch nicht schon früher getroffen habe. Leider fliege ich morgen zurück.«

Mir langt das für heute, ich gehe heim. Thimo will bleiben und sich noch mal ein Eis kaufen.

2. In den Dünen

Gestern Abend ist Thimo in seinen knappsten Shorts und einem engen Muscle-Shirt aufgebrochen zu einem Date mit dem Eismann, wahrscheinlich ist der dahingeschmolzen, als er ihn so gesehen hat. Jedenfalls ist Thimo erst morgens um fünf wieder aufgetaucht und pennt nun noch, wahrscheinlich mindestens bis mittags.

Mir wird das zu langweilig, und ich mache mich auf zum Strand.

Einige von den Leuten, die mir entgegenkommen, scheinen mich zu erkennen, das waren womöglich Zuschauer von gestern, und klar, Thimo und ich fallen überall auf, wir sind beide gut eins neunzig, breites Kreuz, Sixpack, ich blond, Thimo dunkel.

Ein vermutlich spanischer Macker nickt mir anerkennend zu. »Ayer ... muy bueno!« Mit so etwas muss ich wohl rechnen, wenn ich mich im Freien zu so einem spektakulären Fick hinreißen lasse.

In den Dünen begegnet mir ein blonder Schönling, guter Body, aber ich möchte ihm am liebsten gleich eine langen, so einen arroganten Ausdruck hat er in der Fresse.

Dabei ist neben der gespielten Überheblichkeit völlig klar, für welche Rolle der bestimmt ist, auch wenn er das selbst vielleicht noch nicht weiß: Bottom, ganz unten. Nun leckt er sich auch noch lüstern die Lippen, als er näher kommt. Der kann mich haben. Aber anders, als er sich das denkt.

Ich schlage einen Seitenpfad ein. »Komm mit!«

Ich blicke mich nicht um, bin aber sicher, er folgt mir. Wir gehen ein ganzes Stück; für das, was ich vorhabe, will ich nicht wieder so einen Auflauf haben wie gestern.

»Wo rennst du denn hin?«, tönt die Stimme von hinten.

Ich reagiere gar nicht, gehe weiter, bis ich das Gefühl habe, nun sind wir allein. Dort baue ich mich auf, breitbeinig, Arme in die Hüften gestützt, und setze meinen arrogantesten Blick auf. Als der Typ vor mir steht, äffe ich seine Lippenleckerei nach. »Was sollte das?«

»Na, es war geil gestern, wie ihr diese Nutte durchgezogen habt.«

Ich muss mich wieder zurückhalten, um nicht gleich zuzulangen. Maik ist sicher eine schwanzsüchtige Sau, aber für Geld hat er's nicht gemacht.

»Du hast uns zugeschaut?«

»Nicht nur zugeschaut.«

»Was denn?«

»Was wohl? Gewichst. Ich hab dir in die Fresse gespritzt!« Überhebliches Grinsen.

Nun langt's! Was denkt der, wer er ist? Ich packe ihn bei den Handgelenken und drücke ihn so runter, dass er gar nicht anders kann, als in die Knie zu gehen. »Aua! Spinnst du? Lass mich sofort los! Was soll das?«

»Was das soll? Denkst du, ich lasse mich von dir kleinem Wichser vollspritzen? Das wirst du noch bereuen!« Und damit er gleich weiß, woran er ist, spucke ich ihm voll in die Fresse. Das mache ich sonst nie, das ist dafür, dass er Maik als Nutte bezeichnet hat. Jetzt soll er kapieren, wo sein Platz ist. Nämlich unten.

»Bist du bekloppt! Lass mich sofort los!« Er windet sich, hat aber gegen mich keine Chance.

»Hör auf, hier rumzuplärren, sonst setzt's was! Ist das klar?« Ich hole mit einer Hand aus und sofort ist er still.

»Gut. Und jetzt lutsch meinen Schwanz!« Er weiß natürlich nicht, dass ich pissen muss und kaum hängt mein Eumel in seinem Schlund, lasse ich es laufen. Er verschluckt sich und prustet, aber ich drücke seinen Kopf so fest an mich, dass er nicht loskommt. »Schlucken! Alles!«

Wenn ich hier mit ihm fertig bin, soll er wissen, wie er sich zu benehmen hat! Und deshalb muss er, als ich mich ausgeschifft habe, die Pisse, die vorhin danebenging, nun von meinen Beinen und Füßen ablecken. »Na, schmeckt's?«

»Schwein!«

»Wie war das grade?«

»Nichts.« Er ist aufgestanden.

»Dann ist's ja gut. Leg dich auf den Rücken!«

»Was soll das? Lass mich gehen!«

»Laber nicht so viel und tu, was man dir sagt!« Ich habe mir seinen Sack gegrapscht und drücke die Eier zusammen. »Runter!«

Nun pariert er und ich knie mich über ihn, seine Arme drücke ich mit den Unterschenkeln in den Sand, und seine Fresse ist nun mein Sitz. »Leck mich!«

Ein dumpfes »Nein« kommt von unten, und er macht keine Anstalten, meinem Befehl zu folgen.

»Du sollst mir das Arschloch lecken!«

»Das mach ich nicht!«

O doch, mein Kleiner, das wirst du! Ich klemme mir seine Beine unter die Achseln und dann schlage ich zu. Erst mal drei saftige Hiebe auf jede Arschbacke. »Leck mich!«

Es kling nach »Nein«, was da kaum verständlich zu mir dringt.

Deshalb kriegt er nun fünf auf jede Seite. »Leck mich!«

»Nein!«

Er ist hartnäckig. Also nehme ich nun eine meiner Badelatschen und ziehe ihm damit ein paar über. Nun gibt er auf. Ich spüre seine Zunge in meiner Ritze und jetzt kann ich meinen Hintern auf seiner Fresse wetzen, er soll von meinem Arscharoma was abkriegen. Er ist nicht gerade mit Begeisterung dabei, aber er lässt zumindest die Zunge draußen.

Ich stehe auf. »Dreh dich um!«

»Was?«

»Du sollst dich auf den Bauch legen! Ich werde dich ficken!«

Er schüttelt den Kopf, aber als ich nach meinen Latschen greife, legt er sich bereit.

»Beine breit!« Er macht keine Mätzchen mehr.

Gel habe ich nicht dabei, aber ich schmiere meine Latte und sein Loch mit Sonnencreme ein, das geht auch.

Es flutscht, und wie! Dieser Arsch braucht Schwänze, ich hab dem Kerl doch angesehen, dass er eine Stute ist! Und nun reite ich ihn ein, seine heißen roten Hinterbacken werden nicht abkühlen, so besorge ich es ihm! Sein Stöhnen ist inzwischen wollüstig geworden, er würde sich gern ans eigene Rohr packen, aber ich knalle ihn so in den Sand, dass er nicht drankommt. Er muss warten, bis ich fertig bin.

Und ich lasse mir Zeit, bis mich die Wärme und Enge dieses Arschkanals zum Überlaufen bringen und ich ihm meine Sahne eintrichtere.

Als ich uns auf die Seite drehe und an seinen Schwanz packe, ist es da nass und klebrig. Er ist gekommen, nur durch meinen Fick. Ab heute wird er genau das immer wieder haben wollen. Und nicht mehr so arrogant tun.

»Troll dich! Und hör auf, Leute, die du nicht kennst, als Nutten zu bezeichnen. Sonst verbreite ich am Strand, dass du eine bist und was man mit dir so alles machen kann. Kapiert?«

Er zieht ab und taucht in den folgenden Tagen nie mehr auf. Wahrscheinlich hat er den Strand gewechselt.

Ich lasse mich an unserem Strandplatz von gestern nieder, lese was, irgendwann kommt Thimo und ich erzähle ihm von dem Blonden.

»Carsten, lass das, du kriegst noch mal gewaltigen Ärger wegen so was!«

»Wieso? Dem hat das gefallen. Er wusste es nur vorher nicht.«

»Irgendwann erwischst du einen, dem es nicht gefällt. Du kannst nicht über jeden herfallen, an dem dir irgendwas nicht passt. Reiß dich zusammen!«

»Ach Thimo, wir haben Urlaub. Müssen wir jetzt Grundsatzdiskussionen führen?«

»Ich will es dir nur gesagt haben.«

»Gut, du hast es gesagt. Wie war's bei Dir?«

»Der Eismann ist ein heißer Typ. Ich werde ihn jetzt gleich mal besuchen. Bleibst du hier?«

Ich nicke, Thimo zieht ab und taucht überhaupt nicht wieder auf.

Nach einer Weile wird es mir zu blöd. Wo ist der hin? Am Kiosk ist er nicht, das sehe ich, da steht keiner an. Aber er ist in diese Richtung gegangen. Komisch.

Ich gehe mal schauen. Vielleicht weiß der Eismann, wo er hinwollte.

Als ich mich der Bude nähere, sehe ich Thimo hinter der Theke. Er erschrickt erst, fängt sich aber, als er mich erkennt. Ich trete näher, da taucht von unter der Theke ein schwarzhaariger Lockenkopf auf. Thimo hat die Hose offen, präsentiert seinen Ständer und lässt sich einen blasen!

Der Spanier will hochkommen, doch Thimo drückt ihn runter. »Es mi compañero. Puedes continuar.«

Thimo hat einen verklärten Blick drauf, der Eismann scheint ein guter Bläser zu sein.

»Soll ich gehen oder aufpassen, dass keiner kommt, bis ihr fertig seid?«

»Würdest du aufpassen? Dann machen wir noch was anderes!« Er zieht den Spanier hoch, zerrt ihm die Hose runter, drückt seinen Oberkörper auf die Theke, tritt hinter ihn, spuckt sich in die Hand, verschmiert das auf seinem Schwanz, spuckt in die Kimme des anderen und bockt ihn auf. Der Eismann klammert sich mit beiden Händen vorne an der Theke fest, reißt kurz Augen und Mund weit auf, dann ist die reine Geilheit in seinen Zügen. Er lässt sich hier, sozusagen am Arbeitsplatz, den Arsch pudern.

Ich behalte die Umgebung im Auge, schaue aber auch immer wieder der Fickerei zu, kriege einen Steifen, die Spitze meines Pimmels kommt schon unter dem Bund der Badehose hervor. Der Eismann sieht das, formt mit seinem Mund ein großes O; er will auch sein zweites Loch gefüllt haben. Ich zögere kurz, aber anscheinend hat gerade niemand irgendwelche kulinarischen Bedürfnisse, und so klemme ich mir die Badehose unter die Eier und lasse mich bedienen. Einen richtigen Könner hat Thimo da aufgetan, der versteht sein Handwerk. Trotzdem, irgendwann wird hier ein Kunde auftauchen, und vorher will ich fertig sein. Also lasse ich mir den Sack lecken, wichse mich selbst zum Orgasmus, und als es mir kommt, verspritze ich meinen Saft auf dem Rücken des Verkäufers.

Thimo kriegt glasige Augen, stößt noch fester zu, der Gefickte japst nach Luft, jetzt schießt Thimo seine Ladung ab, ich sehe es ihm an, er presst sich in den Arsch vor ihm und füllt ihn mit seinem Sperma. Nach einer kurzen Pause tritt er einen halben Schritt zurück, bleibt aber noch mit dem anderen verstöpselt, bis der selbst in eine Papierserviette abgeladen hat.

Nicht schlecht, der Eismann …

Wir treiben es die nächsten Tage noch ein paar Mal mit ihm, dann drückt ihm sein Chef leider einen anderen, weit entfernten »Mercado« aufs Auge.

Auch unter den Touristen finden sich genügend ansehnliche schwanzgeile Kerle, die uns gern ihre Löcher zur Verfügung stellen und sich von einem von uns, manchmal auch von beiden, rammeln lassen.

Wir führen keine Strichliste, aber es laufen uns reichlich rollige Typen vor die Flinte – und wir ficken deutsche, spanische, englische, skandinavische Arschlöcher. So etwa haben wir uns den Urlaub auch vorgestellt, wir haben sexuellen Nachholbedarf. Bei all der Schufterei im letzten Jahr ist nicht viel gelaufen. Es ist vorgekommen, dass wir beide eingepennt sind, mit offener Hose und Schwanz in der Hand vor einem durchaus geilen Pornovideo, zu dem wir eigentlich gemütlich wichsen wollten.

3. Zimmerservice

Wir waren gerade in unserem Pool, liegen zum Trocknen nackt auf der Terrasse, Thimo liest auf seinem eBook-Reader wohl einen Porno, denn mit links spielt er an seiner vollsteifen Gurke herum. Ich bin am Eindösen, als er mich plötzlich hochschrecken lässt: »Que quieres?«

Ich rapple mich auf, da steht in der Terrassentür ein junger Spanier, in einem weißen Anzug, ähnlich wie Krankenpfleger sie tragen, mit einem Stapel Wäsche in der einen und einem Putzeimer mit Wischlappen in der anderen Hand. Trotz seines braunen Teints sieht man, wie er abwechselnd rot und blass wird. Er windet sich vor Verlegenheit, versucht zum Boden zu schauen und schafft es doch nicht ganz, den Blick von Thimo zu lösen, der schamlos weiter wichst. »Que quieres?«

»Perdon, Señores, perdon. Aqui hay nuevas toallas y debería limpiar su casa.«

Ich kapiere. In unserem Mietvertrag steht was von wöchentlichem Wäschewechsel und Putzservice. Deshalb ist er hier. Da hat uns die Agentur aber einen ausgesprochen hübschen Kerl geschickt.

Das sieht Thimo offensichtlich auch so. »Claro … guapo! Por favor …« Er deutet zum Haus.

»Si, Señor. Y desculpa por molestar Ustedes, por favor.« Er verschwindet im Haus.

Thimo knetet seine Rübe. »Ich glaube, heute brauchen wir nicht zum Strand.«

»Du denkst, er ist …«

»Und wie! Und so oft, wie der sich entschuldigt hat, und uns siezt, obwohl ich ihn duze, wird der schön folgsam sein und alles machen, was wir wollen. Wetten? Ich zeig's dir.«

Wir gehen in die Küche, der Spanier ist an der Spüle zugange. Als er uns kommen hört, wendet er sich um und sieht sich zwei Mackern mit abstehenden Latten gegenüber. Also, wenn er jetzt nicht die Flucht ergreift … dann hat Thimo recht.

»Como te llamas?«

»Pablo, Señor.« Er putzt weiter.

Thimo patscht ihm auf den Hintern.

»Me gusta tu culo, Pablo!« Mir gefällt sein Arsch auch.

»Si, señor. Gracias.«

»Estoy cachondo!« Es ist nicht zu übersehen, wie geil Thimo ist.

»Si, Señor.«

»Comeme el nabo!« Was heißt das jetzt wieder? Woher kennt Thimo diese spanischen Sauereien?

Pablo versteht. »Si, Señor. Seguro.« Und schon kniet er am Boden und saugt an Thimos Rohr. Der lehnt am Türstock, lässt sich bedienen und genießt den spanischen Rohrreinigungsservice.

»Le gusta usted, Señor?« Er lutscht Thimos Schwanz und fragt ihn tatsächlich »Gefällt es IHNEN?« Wow! Gut erzogen, der Kleine.

»Me gusta… ahora mi amigo!« Thimo drückt Pablos Kopf zu mir, und schon speichelt er mich ein. Warme, weiche Lippen sind an meinem Schwanzkopf, mit der Zungenspitze spielt er in meinen Pissschlitz. Eine Hand hat er an meinen Eiern, mit der anderen wichst er Thimo.

Der zieht mich nun zu sich, Schlafzimmerblick, Mund leicht geöffnet, unsere Zungen treffen sich, Hände wandern am Rücken auf und ab, spielen mit Nippeln, während Pablo hingebungsvoll bläst. Er versucht, beide Eicheln zugleich reinzukriegen, aber bei unseren Kalibern gelingt ihm das nicht. Während ich also abwechselnd ein Maul und eine Hand am Schwanz habe, wird Thimos Schnauben immer heftiger. Er will nicht mehr warten, will abspritzen, hält Pablos Kopf und gibt sich selbst die Faust. »Aaah… me corro!«

Pablo reißt den Mund weit auf und Thimo saut sein Gesicht ein, das Sperma landet mit mehreren Schüssen auf Stirn, Wangen, im Rachen, und erst als nichts mehr kommt, lässt er sich seine Kanone sauberlecken.

Pablo hängt wieder an meinem Euter, saugt, bläst, streichelt meine Eier. Ich wichse mich fast fertig, und als die Säfte steigen, presse ich mich ganz tief in Pablos Schlund und entlade meine Soße weit hinten in seinem Hals.

Pablo schluckt und schluckt, seine Zunge umspielt noch mal meinen Eumel, dann lässt er mich los, bleibt kniend am Boden.

»Gracias, Señores.« Er bedankt sich dafür, dass wir ihn als Maulfotze benutzt haben.

»Por favor, puedo hacerme una paja?« Er will sich einen abrubbeln.

Meinetwegen soll er, doch Thimo lässt ihn nicht. »No! Mas tarde, quizas. Ahora tienes que trabajar!«

»Si Señor, claro. Perdon, Señor.«

Er steht auf, seine Hose steht vorne wie ein Zelt ab, aber er fasst sich nicht dran, greift wieder den Putzlappen, und wir gehen zurück auf die Terrasse.

»Warum hast du ihm denn nicht erlaubt, sich einen runterzuholen? Das hätte er sich schon verdient gehabt.«

»Ich bin noch nicht mit ihm fertig. Er soll schön geil sein, wenn wir ihn nachher ficken. Danach darf er dann.«

»Du willst ihn noch vögeln?«

»Klar, du vielleicht nicht? Der Kleine hat einen Spitzenarsch. Und er ist heiß auf unsere Schwänze, hast du doch gemerkt. Glaub mir, der meint das ernst, wenn er sich dauernd bedankt und entschuldigt, der ist so drauf. Genau das, was wir brauchen. Ich werde mal nachsehen, ob er auch brav ist.«

»Willst du kontrollieren, ob er gründlich putzt?«

»Ach was. Ich will wissen, ob er sich wirklich keinen abrubbelt. Wenn doch, gibt es was hinten drauf.« Er macht eine eindeutige Handbewegung.

»Übertreib es nicht!«

»Keine Sorge. Erst mal schau ich nur.«

Thimo schleicht auf Zehenspitzen ins Haus, kommt nach ein paar Minuten wieder. »Okay. Seine Latte ist immer noch stocksteif, ich hab drangepackt, da war zwischendurch nichts. Er war grade am Klo zugange, als ich gekommen bin, und ich glaube, er wäre kurz davor gewesen, vom Rand die Pissspuren abzulecken, die wir da hinterlassen, wenn wir im Stehen pullern.«

»Das bildest du dir ein!«

»Glaub nicht. Aber er hat es dann doch nicht gemacht, als er mich bemerkt hat. Mit dem Bad ist er bald fertig. Dann will er noch die Betten neu beziehen. Danach ist er dran!«

Die Vorfreude lässt meine Rübe anschwellen, und nach einer Weile gehen wir wieder ins Haus. Mein Zimmer ist fertig, Pablo hantiert an Thimos Bett herum. Wenn er sich bückt oder vorbeugt, sieht man durch den dünnen Stoff seiner Hose genau den weißen Slip, den er drunter trägt und der seinen Arsch extra betont.

Thimo packt wieder dran. »Me gusta tu culo, Pablo!«

»Si, Señor, gracias. Me gustan sus colas.«

»Quiero verte desnudo, Pablo!«

»Si, Señor, claro.« Er zieht sich aus, ganz. Der Knackarsch, der unter dem Slip auftaucht, ist fast genauso weiß wie die Unterhose. Kaum ist er ganz nackt, wirft er sich breitbeinig bäuchlings aufs Bett, zieht die Knie an und reckt uns seinen Arsch entgegen. »Por favor, Señores. Pueden follarme, si quieren.«

Er bleibt tatsächlich beim »Sie«. »Sie können mich ficken, wenn Sie wollen.« Auf Spanisch hört sich das allerdings besser an.

Thimo gibt mir einen Schubs. »Fang an! Du siehst doch,

er kann es kaum erwarten. Stopf ihn!« Dabei drückt er mir eine Tube Gel in die Hand.

Als ich mich hinter Pablo knie, zieht der sich selbst die Arschbacken auseinander, und als ich mit eingeschmiertem Daumen vorbohre, schafft er es, mit seinem Loch so was wie ein Saugen zu erzeugen, das meinen Finger immer weiter in ihn hineinzieht.

»Si, señor, si. Por favor, dame su cola, señor!« Er sagt: »Bitte geben Sie mir Ihren Schwanz.« Ich muss aufhören, mir das alles wörtlich zu übersetzen, das lenkt nur ab. Ich will jetzt ficken, und wie er mich dabei nennt, ist mir scheißegal, solange er nur seinen Arsch hinhält. Also Daumen raus, Latte eingeschmiert und rein in dieses Loch. Es flutscht wie nichts, in einem Rutsch bin ich drin, presse meine Lenden gegen seine Arschbäckchen, genieße die Wärme dieses Lochs.

»Aah … si, Señor, si … aah … tan grande …«

Klar ist mein Schwanz groß. Und damit stopfe ich ihn jetzt so, dass sogar von ihm außer geilem Gestöhne nichts mehr kommt. Ich habe ihn an den Hüften gepackt und orgle ihn durch, richtig fest, jeder Stoß ein Klatschen auf seinem Arsch. Minutenlang sehe ich herunter auf mein Rohr, wie es immer wieder in diesem weißen Arsch verschwindet. Ich könnte ewig so weitermachen und habe verdrängt, dass Thimo auch noch irgendwo sein muss, so geil ist dieses Loch vor mir.

Da ist auf einmal eine Hand an meinem Hintern. »Spritz ab! Ich will auch noch!« Und dabei bohrt sich ein nasser Finger in meinen Arsch, Thimo weiß, wie er mich schneller zum Orgasmus treiben wird, lässt seinen Finger in mir kreisen, will mich fertig machen. »Komm schon! Füll dieses Schwein ab! Gib ihm deine Soße!«

Nun fickt mich sein Finger, schnell, ganz schnell, und ich kann nicht mehr, knalle mich ein letztes Mal in Pablos Traumarsch und spritze ihn voll, tief drin kriegt er meine Sahne eingetrichtert.

Pablo flüstert: »Gracias, Señor!«. Thimo gibt mir einen kurzen Moment Verschnaufpause, dann drängt er mich beiseite. »Jetzt bin ich dran!«

Ich lasse mich auf den Rücken fallen, noch ganz benebelt von dieser Nummer, während direkt neben mir nun Thimo Pablo durchzieht. Hoffentlich konnte der sich bisher beherrschen und ist selbst noch geil, sonst wäre das jetzt echt hart für ihn, so wie Thimo losrammelt.

Aber nein, von Pablo kommt immer noch »Si … si … si«, der ist noch heiß.

Nun fasst ihm Thimo an die Latte und wichst ihn. Das ist gemein, echt gemein, wie soll sich der Arme denn da noch zurückhalten. Er wechselt auch die Tonlage. »No, señor … no. Por favor, no … aaah … me corro … aah …«

»Te corres? Si … yo también … es kommt … jaaah … ich spriiiitze … aah …«

Thimo hält Pablo immer noch umklammert, der hat sich in die Hand entladen, sie lassen sich fallen. Pablo liegt nun direkt neben mir. Sein Gesicht neben meinem, murmelt er mit geradezu verklärtem Blick: »Gracias, Señores, gracias …«

Wir bleiben liegen, bis Pablo sich irgendwann mit vielen Entschuldigungen verzieht. Er müsse heute noch mehr Häuser putzen und die nächsten Tage zu seinen Eltern fahren, aber er würde sich freuen, wenn er am Dienstag wiederkommen darf. Darf! Thimo parliert hauptsächlich mit ihm; er kann besser Spanisch und ich verstehe nicht alles, aber auf jeden Fall sagt er was von einem roten Hintern. »... y si no, tu culo sera rojo la proxima vez. Entiendes?«

Pablos Gesicht glüht auf, er versteht, dass das nicht bedeutet, er solle sich am Arsch einen Sonnenbrand holen. »Si Señor. Entiendo.«

Pablo ist gegangen, wir machen auf der Terrasse Siesta. »Glaubst du wirklich, dass er noch mal kommt? So wie wir ihn heute zugeritten haben? Und dann kündigst du noch an, dass du ihn vertrimmen willst ...«

Thimo ist sich sicher. »Der kommt. Gerade deswegen, der braucht das genau so, glaub mir. Deswegen kommt er. Ich habe ihm übrigens befohlen, sich bis Dienstag keinen runterzuholen. Wenn er sich nicht dran hält, gibt's was hinten drauf. Bin gespannt, ob seine Angst vor Strafe oder seine Geilheit stärker sind.«

»Glaubst du, er hält sich dran?«

»Weiß nicht. Aber er wird es nicht wagen, zu lügen. Und wenn er gewichst hat, dann ...« Eine eindeutige Handbewegung.

»Im Prinzip hast du jetzt mit ihm das Gleiche gemacht, wie ich mit diesem Typen am Strand. Mich hast du angepflaumt. Wo ist der Unterschied?«

»Pablo hätte nicht auf meine Anmache eingehen müssen, du hast den anderen Kerl gezwungen. Das ist der Unterschied.«

4. Pablo

Wir liegen wieder auf der Terrasse.

»Was meinst du, soll ich meinen Bart stehen lassen?«

»Also mir gefällt's. Macht dich noch männlicher.«

»Geht das überhaupt?«

»Kaum. Aber was anderes: Glaubst du, es gibt viele solche Typen wie diesen Pablo?«, frage ich.

»Wie meinst du das?«

»Na ja, die eben geil darauf sind, dass man sie benutzt, ihnen Befehle erteilt, sie bestraft und so.«

»Da gibt es sicher eine Menge. Die brauchen das. Das gibt denen einen Kick.«

Ich überlege. »Ich glaube auch. Das könnte man doch ausnutzen …«

»Inwiefern?«

»Na, es gibt doch heute schon Leute, die zahlen dafür, dass sie in einem Funkloch Urlaub machen dürfen. Total plemplem. Und dazu Aromatherapien oder ähnlicher Mist. Das könnten sie bei uns auch haben. Wir nehmen ihnen das Handy weg, dann haben sie ihr Funkloch. Für das Aroma haben wir den Kompost. Bei uns gibt es

Arbeitstherapien. Und Erziehungsmaßnahmen für Kerle, die nicht spuren.«

»Und wie soll das gehen? Wo sollen die zum Beispiel pennen?«

»Na, in dem Anbau, den unser Vorbesitzer mal für seinen Arbeiter gebaut hat. In dem Zimmer ist diese kleine Küchenzeile, dazu das Bad, das reicht doch. Wir müssen nur eine Matratze reinlegen und fertig. Und wenn einer renitent ist, muss er in dem alten Schweinestall schlafen, auf Stroh, mit einer Pferdedecke. Als Belohnung für gute Arbeit oder auch als Strafe kriegt er den Arsch voll. Was hinten drauf oder hinten rein. Oder beides. Jemand wie Pablo würde dafür sicher fast alles tun.«

»Könnte sein. Aber ich weiß nicht recht ... da hast du dann Fremde um dich rum.«

»Die dafür aber arbeiten und ihren Arsch zur Verfügung stellen müssen.«

»Stimmt. Und was machst du, wenn uns einer nicht gefällt?«

»Wir müssen uns vorher so was wie Bewerbungsunterlagen schicken lassen. Probieren wir's? Wir müssen nur eine geile Anzeige entwerfen, bei der den Kerlen beim Lesen schon einer abgeht.«

»Ich weiß nicht ... und bei allem, was im Netz läuft, ist mir sowieso unwohl.«

»Ach komm, wir probieren es einfach. Mit einem Inserat in der Zeitung. Wenn du einverstanden bist, darfst du dir was wünschen.«

»Na dann ...« Er schmeißt die Polsterauflage der Liege auf den Boden, legt sich drauf, sein Mast ragt schon kerzengerade in die Höhe. »Blas mich! Und dann steck ihn dir rein. Ich will dich ficken, du Sau!«

Ich hätte es mir denken können, dass er sich so was wünscht. Er sagt öfter, wie geil mein Arsch sei ... Jetzt muss ich zu meinem Wort stehen. Also knie ich mich zu ihm, sauge und lecke seinen Bolzen noch härter. Ich könnte ihn auch mit dem Mund zum Abspritzen kriegen, aber das will er natürlich nicht. »Stopp! Reit auf mir, ich will deine Fresse sehen, wenn ich dich bocke! Los!«

So einen Tonfall darf nur er sich erlauben, jedem anderen würde ich dafür eine knallen, mindestens. Und ich Idiot bin selbst schuld, wenn ich mir das jetzt anhören muss. Also speichle ich seine fette Kuppe noch mal ein, schmiere mein Loch, schwinge mich über ihn und stecke mir langsam seine Gurke rein. Er lässt mir Zeit, bis ich mich an das Riesending in mir gewöhnt habe, dann zieht er meinen Oberkörper zu sich, steckt mir die Zunge in den Mund, zieht die Knie an und fängt an, mich zu hämmern. Ich stelle mich auf einen langen Fick ein, schließlich hat er heute schon beide Löcher von Pablo befüllt.

Pablo! Gut, dass der mich jetzt nicht sieht, der würde jeden Respekt verlieren.

Ich kann mich kaum bewegen, so hält Thimo mich umklammert, bei jedem Stoß schürzt er die Lippen, saugt mich mit den Augen fest, bockt wieder.

Ich verliere jegliches Zeitgefühl, Thimo fickt und fickt und fickt mich, mein Loch brennt, aber er macht keine Anstalten, endlich abzufeuern.

»Thimo, bitte, ich kann nicht mehr …«

»Du kannst nicht mehr … und wenn ich dir sage, das interessiert mich nicht, weil ich dir ansehe, dass du es eigentlich genau so willst? Hm, was dann, du Sau?« Er hat die Intensität seiner Rammelei noch gesteigert, wild durchpflügt er meinen Arsch.

»Thimo, hör auf …«

»Schon gut, ich bin ja nicht so …« Noch ein paar heftige Stöße, dann schreit er endlich auf, ich spüre den Kolben in mir zucken, und auch mein eigener, der eingequetscht zwischen unseren Bäuchen schubberte, spuckt seine Ladung aus.

Ich will aufstehen, doch Thimo hält mich fest. »Warte noch. Ich wollte dir jetzt nicht wehtun, aber so hast du wohl den einen Kerl in den Dünen auch behandelt. Bist du sicher, dass der das wollte? Außerdem hast du gesagt, ich darf mir was wünschen. Dein Arsch ist übrigens noch geiler, als alle anderen, die hier rumlaufen. Und ich habe das ernst gemeint. Wenn du dich nicht innerlich so sperren würdest, hätte es dir gefallen, dass ich dich so hernehme, wie wir beide sonst die anderen. Du musst mir nur vertrauen und dich darauf einlassen. Ich werde dich nicht zwingen. Aber ich weiß, du willst es!«

Ich starre ihn entgeistert an. »Da weißt du mehr als ich!«

»Ich glaube nicht. Denk darüber nach! Ich warte. Und nun steig ab, ich werde dir dein Loch einschmieren, das muss ja ganz wund sein.«

Mir schwirrt der Kopf, als seine Finger sanft meinen Hintereingang eincremen.

Am nächsten Tag gehe ich alleine zum Strand, Thimo wollte nicht mitkommen. Der spinnt doch komplett! Was denkt der von mir? Nur weil er mich ab und zu ficken darf…

Ich will Ärsche vor meiner Flinte haben! Am besten jetzt gleich einen. Ich vergesse den Vorsatz, niemandem nachlaufen zu wollen, und dem ersten halbwegs ansehnlichen Kerl, den es in die Dünen treibt, folge ich…

Anderntags geht Thimo wieder mit, ist aber nicht auf Abenteuer aus. »Ich warte auf Pablo morgen«, meint er. »Der soll was von mir haben!«

Der wird auch von mir was haben, obwohl ich mich heute dreimal in die Büsche schlage.

Thimo sagt nichts dazu.

Pablo hat gesagt, er wolle am Nachmittag kommen, und tatsächlich, gegen drei taucht er auf. Wir sitzen draußen, Thimo befiehlt ihm, sich auszuziehen, er muss uns Drinks servieren, dann soll er abspülen und den Boden wischen. Alles nackt.

»Si señores, naturalmente.« Sein Pimmel steht nicht gerade, aber etwas geschwollen ist er schon.

Thimo fordert Pablo auf mitzukommen und geht ins Bad. Ich folge, gespannt, was jetzt kommt. Thimo zieht seine Badehose runter, stellt sich vor die Kloschüssel und fängt an zu strullen. Dabei hält er seinen Pimmel nicht mal fest, ein ziemlicher Teil seiner Pisse landet also auf der Klobrille und am Boden. Als er sich ausgeschifft hat, wendet er sich an Pablo: »Limpiar! Asi!« und streckt dabei die Zunge raus.

Pablo versteht, was Thimo erwartet. Und er folgt! Kniet breitbeinig vor dem Klo und leckt die Brille sauber. Als er wieder aufsteht, hat er einen richtigen Ständer. Thimo wirft mir einen triumphierenden Blick zu.

In der Küche, wir beide haben uns gesetzt, Pablo musste stehen bleiben, Thimo hat ihn an seinem steifen Rohr gepackt. »Pablo, cuantas veces has …«, eine wichsende Handbewegung, »las últimas días?«

»Perdon, Señor, perdon, pero … tres veces ayer y cuatro el domingo. No pude evitarlo. Perdon.« Soso, gestern dreimal und am Sonntag gleich viermal. Er hätte nicht anders gekonnt. Dabei muss er gewusst haben, was das bedeutet, und trotzdem war die Geilheit größer.

Thimo nickt. »Sabes lo que tengo que hacer ahora?« Er deutet auf seine Knie.

»Si Señor, claro. Lo sé. Perdon, Señor.«

Er zickt nicht rum, legt sich über Thimos Knie, präsentiert seine knackige Kehrseite, Thimo rückt ihn zurecht, und dann geht es los. Mit seinen Riesenpranken vermöbelt er Pablos Arsch, bestimmt zehn schnelle Schläge hintereinander.

Gegen Ende fängt Pablo an zu schreien, aber Thimo herrscht ihn an »Tranquilo!«, da wird er wieder ruhig.

Thimo fasst sich Pablos Ständer, klemmt ihn zwischen seine Oberschenkel, und schlägt weiter zu, links, rechts, laut klatschend. Pablo windet sich, »No Señor, no, por favor«, doch Thimo lässt sich nicht beeindrucken. »Tranquilo!«

»No Señor, por favor, no … aaah … no … me corro …

no…« Seine Arschbacken verkrampfen, seine Hände klammern sich um Thimos Bein, ganz offensichtlich spritzt er ab.

Thimo hört auf, ihm den Arsch zu versohlen, schubst ihn runter, deutet nur auf seine Schenkel und Waden, an denen Pablos Sperma runterläuft, und der kapiert und fängt, sich entschuldigend, an, Thimos Beine abzulecken. »Perdon, Señor, disculpe…« Thimo zwingt ihn, auch das aufzulecken, was auf dem Fußboden gelandet ist, und man sieht ihm an, dass er das nicht will, aber er traut sich nicht, zu widersprechen.

Als alles zu Thimos Zufriedenheit gesäubert ist, schickt er Pablo raus, er soll den Boden im Bad wischen und dann im Schlafzimmer warten.

»Was hast du noch mit ihm vor?«, will ich wissen.

»Ich gönne ihm eine halbe Stunde, damit er wieder geil ist, wenn wir ihn uns vornehmen. Wenn wir ihn jetzt gleich gefickt hätten… das wäre zu viel gewesen, er hat mich ja nicht absichtlich vollgespritzt. Aber dass er seine Soße auflecken musste, war notwendig. Er muss noch lernen, sich zu beherrschen.« Sieh an, Thimo hat pädagogische Konzepte.

Wir warten noch eine Weile, und dann knöpfen wir ihn uns wieder vor. Thimo will ihm heute seine Sahne oral eintrichtern, und so kann ich mich in Pablos rotem Arsch austoben, auf dem sich immer noch Thimos Finger abzeichnen. Es muss brennen, wenn ich zustoße, aber Pablo geht wieder ganz in seiner Rolle auf, »Si, Señores, si, gracias, aahh… si« und wir orgeln ihn durch, stopfen seine Löcher, füllen ihn schließlich ab, und er schluckt brav Thimos Schmand und lässt sich von mir hinten befüllen.

Bevor er sich selbst einen abwichst, fragt er, ob er das auch darf. Wir erlauben es.

Als er sich verabschiedet, will er wissen, ob er noch mal kommen darf. Thimo sagt, nur wenn er sich bis dahin keinen runterholt.

Den Rest unseres Urlaubs kommt Pablo jeden Tag. Wenn er sagt, er hätte seit dem Vortag nicht gewichst, knallen wir ihn nur durch. Wenn er zugibt, sich doch selbst befriedigt zu haben, kriegt er vorher den Arsch versohlt. Dass er zwischen Thimos Schenkeln abspritzt, passiert ihm allerdings nicht mehr. Er hat gelernt.

An unserem letzten Abend verabschiedet er sich mit vielen »Gracias« und jeweils zwei Portionen unseres Spermas in seinem Loch, und völlig unerwartet steht er am nächsten Morgen, als wir frühstücken, wieder vor der Tür und bietet seinen Arsch an. Thimo vertrimmt ihn noch mal, wir stopfen ihn vorne und hinten – und verpassen noch fast unseren Flug.

5. Auf dem Bock

Wir sind wieder zu Hause, es ist ein Scheißwetter, man kann draußen kaum was tun.

Seit Tagen grüble ich wegen eines Anzeigentextes, mit dem ich »Kunden« anlocken will. Thimo sagt, das wäre meine Idee gewesen, dann solle ich mir auch was einfallen lassen. Mein Vorschlag sieht dann so aus:

Zwei sehr gut ausgestattete Meister, Mitte 30, bieten Arbeitserziehung mit Übernachtungsmöglichkeit für faule, ungehorsame Bengel auf dem Land. Wir erwarten Bewerbungen mit Schilderung des Erziehungsproblems.

»Mit diesen altmodischen Ausdrücken willst du die Leute anlocken? Kein Mensch sagt heute noch Bengel!«

»Ich glaube, gerade das wird die Leute anmachen. ›Meister sucht Sklave‹ oder so liest man doch überall. Wir müssen eine Marktnische finden.«

»Marktnische! Du bist bekloppt! Aber bitte, probier es. Ich will nur nicht, dass der Name unserer Gärtnerei in dem Zusammenhang irgendwo auftaucht.«

»Keine Sorge, ich kümmere mich um das Organisatorische. Handschellen, Schnüre, Stöcke und so was haben wir. Ein Bock wäre wahrscheinlich nicht schlecht. Wo man einen draufschnallt, zum Verhauen oder Ficken, du weißt schon.«

»Das kann ich bauen. Zur Einweihung legst du dich drauf und ich knöpfe mir deinen Arsch vor!«

»Thimo, nicht wieder dieses Thema! Ich habe nicht vergessen, was du im Urlaub gesagt hast, aber ich steh nicht da drauf! Echt nicht! Vergiss es!«

Schulterzucken. »Wie du meinst. Aber einmal musst du dich drauflegen und bumsen lassen. Einmal! Versprochen?«

»Gut, versprochen. Einmal bumsen.«

Ich kümmere mich darum, den Anbau unseres Hauses »bezugsfertig« zu machen. Die Heizung entlüften, die Wasserhähne entkalken, grob putzen, das reicht. Wir sind kein Sterne-Hotel. Gestrichen muss auch werden, der letzte Bewohner hat wohl geraucht, aber das könnte eigentlich unser erster Kunde machen. Als Arbeitstherapie.

Thimo besorgt sich schwarzes Leder; was er sonst noch braucht, wie Werkzeug, Bretter, Balken, haben wir. Er verschwindet nun oft lang im Keller, will mich aber nicht dabei haben und mir das Ding erst zeigen, wenn es fertig ist. Ich lasse ihn machen, mit Holz kann er umgehen, ich höre nur, wie er sägt, bohrt, nagelt.

Abends will er nun öfter mal Arschversohlungs-Videos gucken, so als Anregung, worauf die Delinquenten da geschnallt werden. Bei einigen von denen hat man den

Eindruck, die machen es wirklich nur für Geld, andere bleiben steif, während sie vertrimmt werden, denen gefällt es wohl.

Eines Abends verkündet er: »Morgen werde ich fertig! Du kannst dich schon mal darauf einstellen.« Dabei knetet er seinen Hosenlatz. Gut, ich habe es versprochen.

Er hat es toll gemacht. Eine Liegefläche für den Körper, gepolstert und mit dem schwarzen Leder bezogen, am unteren Ende in der Mitte eine Lücke für das Geschlecht, links und rechts neben dieser Aussparung zwei schmalere lederbezogene Bretter für die Beine, durch Scharniere mit dem großen Brett verbunden und um fast 180 Grad schwenkbar – von runter zum Boden bis senkrecht hoch und in jeder Position fixierbar. Das Ganze auf einem stabilen Gestell, etwa Tischhöhe. Alle Holzteile ganz glatt geschmirgelt und mit farbloser Lasur gestrichen.

»Wenn einer auf dem Bauch draufliegt, kannst du die Beine runterlassen, dann kommst du zum Ficken dran«, erklärt er. »Bei einem auf dem Rücken machst du die Beine hoch. Dann ist das Loch auch zugänglich.«

Dazu hat er an vielen Stellen Ledergurte angebracht, zum Fesseln von Armen, Beinen, Körper.

»Super, Thimo, wirklich toll. Du hättest auch Schreiner werden können. Wie ist es, wenn man drauf liegt?«

»Ich find's bequem. Einer, der den Arsch vollkriegt, soll sich ja nicht noch zusätzlich an Ecken und Kanten stoßen oder einen Schiefer einziehen. Probier's aus! Und zieh dich aus, ich hab extra geheizt.«

Stimmt, es ist ziemlich warm, so kann ich mich ganz ausziehen.

Ich lege mich zuerst auf den Rücken und Thimo erklärt noch Einzelheiten. »Ich könnte dich jetzt mit zwei Gurten um Bauch und Brust festschnallen und dazu seitlich die Arme. Lassen wir jetzt weg. Aber die Beine mache ich.«

Er schließt einige Gurte und fixiert die Bretter mit meinen Beinen dann so, dass sie nach oben stehen und ein großes V bilden. Dazwischen steht er, zweifelnd. »Hm. So käme ich nicht in deinen Arsch. Kannst du noch nach unten rutschen?«

Ich stemme mich ein wenig in seine Richtung. »Schon besser. Warte.«

Er hält sich nun an meinen Schenkeln fest, rückt heran, und ich spüre den Stoff seiner Jeans am Arsch und am Sack. »Ja, das ginge. Willst du so oder auf dem Bauch?«

»Auf dem Bauch. Und ein Kopfkeil oder so was wäre nicht schlecht. Könnte man sich bei einem Fick besser angucken.«

»Okay, besorge ich.« Er bringt meine Beine wieder in die Waagrechte und löst die Gurte. »Geh mal ganz runter!«

Er dreht die Bretter nach unten. »Nun stell dich breitbeinig hin und leg dich auf das große Brett. Ja, gut.« Er kommt nach vorne. »Du kannst dich jetzt mit den Händen hier an den Füßen von diesem Gestell einhalten. Ich könnte sie dir auch daran fesseln, aber das lassen wir heute weg. Die großen Gurte um den Körper auch.« Er verschwindet wieder nach hinten. »Aber die Beine binde ich dir fest.

Damit du beim Ficken nicht ausschlägst wie ein Gaul, wenn er beschlagen wird.«

»Thimo, lass. Ich hab gesagt, du darfst mich bumsen, dann darfst du das auch, ohne dass ich angebunden bin.«

»Ich tu dir schon nichts. Aber ich finde es geil, dass du jetzt nicht mehr weg kannst.« Er hat mir doch beide Beine an den Knöcheln festgebunden.

Seine Hände liegen auf meinen Arschbacken, streicheln, kneten, walken mich durch. Es kommt Leben in meinen Pimmel, erst recht, als Thimo nun mit einer Hand nach unten fasst und an mir rumspielt. Er spuckt in meine Kimme, verreibt es, ein Finger umkreist mein Loch. Jetzt steht er hinter mir, bewegt sich, als ob er ficken würde, dabei ist er noch voll angezogen und nur der Stoff seiner Hose wetzt an meinem Arsch.

Er zieht sich aus. Ich sehe nichts, höre es nur. Und dann spüre ich ihn, überall, er hat sich auf mich gelegt, sein Steifer in meiner Ritze, seine Hände an meinen Armen, sein Körper auf meinem, seine Beine an meinen, er reibt sich an mir, Haut auf Haut. Nun auch noch sein Kopf an meinem. »Schön so?«, flüstert es an mein Ohr, doch er erwartet keine Antwort und richtet sich wieder auf. Spucke an meinem Loch, ein Finger, diesmal bleibt er nicht draußen, er bohrt sich in mich, mehr Spucke, dann kommt ein zweiter Finger. Thimo spielt mit mir, ersetzt die beiden Finger durch den Daumen, dreht ihn in mir, lässt den Knöchel immer wieder durch meine Rosette raus- und reinflutschen, fasst mir zwischendurch immer wieder an den Schwanz oder an die Eier, bereitet mich auf den Fick vor.

Zuvor lässt er mich noch mal blasen, ich nuckle an seinem Kolben. Er hat einen wirklich schönen Schwanz, gerade, groß, gleichmäßig dick, eine fette Eichel, er ist stolz darauf. Ich werde nie verstehen, wie Maik sich zwei solche Riemen reinstrecken konnte. Den einen verkrafte ich gut, aber mehr ginge nicht.

Nun kommt der eine! Thimo ist wieder hinter mir, hat sein Rohr und meinen Eingang mit Glitschzeugs eingeschmiert, und nun setzt er an. Ich weiß, wenn der Schwanzkopf erst mal drin ist, dann wird es richtig geil, einen kurzen Moment ist es unangenehm, unwillkürlich kneife ich meinen Hintern zusammen, aber… schon vorbei, jetzt passt es, ich lasse wieder locker und Thimo füllt mich mit seiner ganzen Länge aus.

Seine Lenden, seine Beine pressen sich gegen mich, gut, dass das hier schön gepolstert ist, denn nun fängt er an zu bumsen, ruhig, aber fest; seine Hände streichen über meine Schultern und meinen Rücken, während sein Kolben in mir ein- und ausfährt.

Er greift von unten an mein Gehänge, nimmt beide Klöten in eine Hand, fingert daran herum, von der anderen Seite kommt seine zweite Hand, umfasst mein Rohr, knetet und wichst es.

Wieder liegt er fast auf mir, ich habe seinen Atem im Nacken, noch ganz ruhig. Ich weiß, er hat noch gar nicht richtig angefangen, das läuft noch unter Vorspiel, obwohl er schon in mir steckt.

Ich reize ihn, indem ich mein Loch zusammenkneife, das merkt er natürlich, nimmt es als Zeichen, wird schneller, wichst mich auch wieder, ziemlich heftig.

»Thimo, Pfoten weg, sonst komm ich noch vor dir!«

Er lässt los. »Na schön, dann nicht. Wollte dir was Gutes tun.«

Seine Hände packen meine Hüften und erst jetzt legt er richtig los und vögelt mich wirklich, Stakkato, lautes Klatschen, Haut auf Haut.

»Das nächste Mal legst du dich andersrum drauf, ich will dich sehen!«

»Thimo, ich habe gesagt: einmal!«

»Kann mich nicht erinnern. Es gefällt dir doch, du Schwein!« Er wird noch mal schneller.

Ja, es gefällt mir, aber dass ich wegen der Fußfesseln nicht weg könnte, passt mir nicht. Das vergesse ich allerdings, als er wieder beginnt, mich zu melken. Im gleichen Takt, wie er bockt, rubbelt er trotz meiner Proteste meinen Schwanz, zieht mir den Saft aus den Eiern, bringt mich zum Überlaufen, ich spritze mich aus, hinten immer noch diesen Hammer drin.

»Kommt's dir? … warte … ich auch … gleich … jaaaaah!« Sein Rohr pulsiert, er lädt ab, trichtert mir seinen Schleim ein und lässt sich, platt wie eine Flunder, auf mich fallen, heftig nach Luft ringend.

Eine Weile lasse ich ihn liegen, dann wird er mir zu schwer. »Thimo, mach mir die Füße los.«

»Gleich … eine Minute noch …« Endlich geht er von mir runter, bindet mich los.

»Und? Was sagst du?«

»Hast du super gemacht, echt! Pablo hätte das gefallen.«

»Und dir? Legst du dich noch mal drauf?«

»Zu deinem Geburtstag vielleicht wieder.« Es sind noch ein paar Monate hin.

»Spielverderber!«

6. Der Kaminkehrer

Wir haben die Lieferung eines Großhändlers bekommen, einige Paletten mit Pflanzen, die wir aufpäppeln und dann weiterverkaufen werden. Nun bringen wir sie an die passenden Örtlichkeiten, Sonne, Schatten, Gewächshaus, je nachdem.

Ein gelber Kastenwagen fährt in unseren Hof. Es ist aber nicht die Post, denn ein Kaminkehrer steigt aus. Ich erinnere mich dunkel, dass da vor ein paar Wochen eine Karte mit einer Terminankündigung kam. War das heute? Total vergessen. Gut, dass wir da sind, sonst hätte das bestimmt eine Pauschale wegen vergeblicher Anfahrt gekostet.

Der Kaminkehrer steckt natürlich in einem schwarzen Anzug und derben Arbeitsschuhen, scheint aber heute noch nicht mit Ruß in Kontakt gewesen zu sein, zumindest sind Gesicht und Hände sauber. Er ist glatzköpfig, was es schwerer macht, sein Alter zu schätzen. Fünfunddreißig vielleicht, höchstens vierzig.

Er grüßt freundlich, fragt, ob ihm jemand die Heizungsanlage zeigen kann. Ich übernehme das, bringe ihn in den Keller zum Heizungsraum. Die Anlage ist erst ein paar Jahre alt, es dürfte eigentlich nichts fehlen. Er holt irgendwelche Messgeräte aus seinem Koffer, prüft Abgaswerte, öffnet hier und dort eine Klappe, hält eine Sonde rein, ist zufrieden. »Alles in Ordnung. Sie kriegen in ein, zwei Wochen eine entsprechende Bescheinigung. Ich muss jetzt noch zum Kamin.«

»Wollen Sie aufs Dach?«

»Heuer nicht, nein. Hier im Keller muss eine Klappe als Zugang sein. Wahrscheinlich im Nebenraum.«

Im Nebenraum, klar. Darf ja nicht direkt bei der Heizung sein. Ich weiß auch, wo die Klappe ist. Nebenan, wo Thimos Bock steht. Ich will nicht wissen, was sich der Kaminkehrer denken wird.

»Kommen Sie mit.« Ich führe ihn nach nebenan, stelle mich möglichst breit vor unser Gestell, er sieht es natürlich trotzdem, sagt aber zunächst nichts und widmet sich dem Kamin. Als er fertig ist, meint er, das sei auch in Ordnung.

»Darf ich fragen, was das ist?« Er deutet auf das Ding hinter mir.

Ich hätte zwar Zeit gehabt, mir etwas zu überlegen, aber nun fällt mir nichts Besseres ein, als was von »Fitness« in meinen nicht vorhandenen Bart zu murmeln.

»Fitness. Mhm. Kann man in diesem Studio mal ein Probetraining absolvieren? Und bist du der Trainer?« Hand am Hosenlatz, damit keine Zweifel aufkommen.

»Ich … mein Partner und ich, wir arbeiten zusammen. Damit alle deine … Muskeln gleichzeitig stimuliert werden.«

»Verstehe. Und wann hättet ihr einen freien Termin?«

»Wenn du willst, heute Abend um acht.«

»Trag mich ein. Ingo. Bist du …«, er kuckt auf einen Zettel, »Carsten oder Thimo?«

»Ich bin Carsten. Komm, gehen wir wieder rauf.«

Ich lasse ihn vor mir die Treppe hochsteigen. »Du hast einen geilen Arsch.«

»Den hast du noch gar nicht gesehen.«

Er verabschiedet sich auf dem Hof mit »Bis später«, fährt davon.

»Wieso ›Bis später‹?«, will Thimo wissen. »Ist mit der Heizung was nicht in Ordnung?«

»Doch, die Heizung ist okay.«

»Wieso …?«

»Weißt du, wo im Keller der Zugang zum Kamin ist?«

»Ja, in … oh, Scheiße! Was hat er gesagt?«

»Er möchte dieses Fitnessgerät heute Abend ausprobieren. Mit zwei Trainern.«

Beim Abendessen. »Ich könnte mir vorstellen, Ingo wird unser erster Kunde«, meine ich.

»Er wird aber bestimmt nicht hier irgendwelche unangenehmen Arbeiten übernehmen. Das kannst du vergessen.«

»Das nicht, nein. Aber ich bin ziemlich sicher, er will sich vögeln lassen. Der hat schon verstanden, dass ich mit ›alle seine Muskeln‹ eigentlich ›alle seine Löcher‹ gemeint habe. Ich glaube, der war heute Morgen schon ganz fickrig.«

»Jetzt warten wir erst mal, ob er überhaupt kommt.«

Er kommt, in seinen schwarzen Berufsklamotten.

»Die Sachen sind sauber, ich werde euch damit keinen

Ruß irgendwohin schmieren. Ich hab das Zeug nur gerne an.«

»Du bist neu, oder? Letztes Jahr warst du doch noch nicht hier.«

»Stimmt, ich hab den Bezirk neu übernommen. Eure Namen sind mir schon aufgefallen, als ich die Adressen durchgegangen bin. Zwei Männer. Und für welche Art von Training eure Bank da dient, ist ja wohl klar. Gehen wir runter?« Er hat die Hand am Hosenlatz. »Ich möchte euer Gerät ausprobieren.« Breites Grinsen. »Und die Geräte der Trainer auch.«

Ingo ist sichtlich beeindruckt von Thimos Konstruktion. »Hast du ganz allein gebaut? Toll! Gerade, dass man so rum und so rum darauf liegen kann, hab ich noch nie gesehen. Ich leg mich auf den Bauch.«

Thimo justiert die Bretter für die Beine. »Welche deiner Muskeln brauchen eigentlich Training? Nur damit wir Bescheid wissen ...«

»Habt ihr keinen Fragebogen zum Ankreuzen? Also, die üblichen würde ich sagen, das reicht, da könnt ihr euch aber austoben und auch abwechseln. Ihr könnt mich an diesem Ding festbinden, das gefällt mir, aber nicht verhauen, selbst wenn mein Hintern dazu einlädt. Wenn ich ›Stopp‹ sage, müsst ihr aufhören, das ist dann ernst gemeint. Einverstanden?«

»Alles klar. Ziehst du dich aus?«

»Nur die Hose. Ihr könnt ja auch schon mal auspacken.«

Er schlüpft aus Schuhen und Hose, eine ordentliche

Fleischwurst baumelt vorne unter einem schwarzen Urwald, fast so dunkel wie seine Klamotten. Wir lassen alles an, holen nur unsere Geräte raus. Er ist beeindruckt, fasst dran, leckt schon mal kurz, dann packt er sich auf Thimos Gestell, sein Gemächt baumelt in der dafür vorgesehenen Lücke, er rutscht ein wenig herum, sucht eine bequeme Position. »So. Ihr könnt mich anschnallen. Fest.«

Als wir fertig sind, kann er nur noch Hände, Füße und den Kopf bewegen.

Ich stehe hinten zwischen seinen Beinen, ein 1a-Arsch vor mir, das habe ich auf der Treppe schon richtig gesehen. Mein Pimmel war während des Befestigens der Gurte schlaff geworden, nun richtet er sich wieder auf, zumal Ingo mit seinen Arschmuskeln spielt. Ich presse mich an ihn, mein Schwanz in seiner Ritze, lasse meine Hände über seine Pobacken gleiten, die Innenseite der Oberschenkel entlang nach unten, außen wieder hoch, in die Mitte, da ist dieses runzlige Loch, er spielt damit, kneift seine Fotze zusammen und macht wieder auf. Ich spucke darauf, verreibe das, fange mit dem Zeigefinger an, bohre ihn rein, wohliges Brummen, ich sehe nach vorne, Ingo nuckelt an Thimos Latte, der hält den Glatzkopf, der ja gar nicht weg kann, fest und lässt sich bedienen.

Ich nehme einen zweiten Finger, einen dritten, Ingos Loch ist soweit, noch etwas Glitschzeug an meine Kanone, dann bin ich drin, wohlige Wärme um meinen besten Freund, Thimo schaut her, ich bocke mich langsam noch weiter rein, halte mich fest an dem Gurt, mit dem Ingo unterhalb der Schultern fixiert ist, falle in einen gleichmäßigen Rhythmus. Er hat gesagt, wir könnten uns in ihm austoben, da will ich mir Zeit lassen.

Geiles Stöhnen von Ingo, tiefes Schnauben von Thimo, aber klar, er will auch nicht nur geblasen werden und tauschen.

Wir wechseln die Positionen, ich zögere, doch Ingo sagt: »Komm her. Ich schmecke gern meinen Arsch!« Und schon saugt er an meinem Rohr, während Thimo ihn nun hinten stopft.

Ich halte Ingos Kopf, merke, da sind Haarstoppeln, ihm sind die Haare nicht ausgegangen, er hat sie abrasiert.

»Wieso hast du dir eine Glatze schneiden lassen?«

»Find ich praktisch bei meinem Beruf. Und geil ... wenn Pisse drüberläuft. Wenn du willst ...«

»Nee, hier nicht. Aber unser Studio hat eine Filiale, da geht das ...«

Thimo dreht gleich durch. »Ihr Schweine, was habt ihr für eine dreckige Fantasie. Ihm über die Glatze schiffen ... aaaahh ... es kommt ... uuaah ...«

Mit aller Gewalt vögelt er sich aus, das ganze Gestell kommt ins Wackeln, Ingo lässt meine Latte aus seinem Mund flutschen, umklammert die Holzbeine, an die seine Arme gefesselt sind; die Knöchel an seinen Händen treten weiß hervor, bis die Wucht von Thimos Stößen nachlässt.

»Mach du weiter!«, fordert Ingo mich auf. »Genau so!«

»So?«

»Ja, genau so! Mach!«

»Thimo, stell dich ans Kopfende! Sonst kracht deine Konstruktion noch zusammen.«

Ich schiebe ihn von Ingos Beinen weg, mit halbsteifem

Lümmel wankt er groggy ans andere Ende, wo sich Ingo sofort an seinem Pimmel festsaugt, während ich mich erneut in diesen Kaminkehrerarsch bohre, ihn mit voller Kraft durchvögle, stopfe, bocke, ficke … gut, dass Thimo dagegenhält. Er ist inzwischen etwas wacher, sorgt sich wahrscheinlich um sein Werk, während Ingo nur stammelt: »Ja … ja … ja … mehr …«

Aber mehr geht nicht, beim besten Willen, ich weiß eh nicht, wie sein Loch das aushält, ich kann auch nicht mehr, mein Schwanz badet in Thimos Soße, jetzt kommt meine noch dazu, ich pumpe Ingo voll, falle auf ihn, meine Beine würden mich jetzt nicht halten.

»Melkt mich ab … bitte … melkt mich ab …«

Thimo ist inzwischen wieder zurechnungsfähig, er fasst sich Ingos Knüppel, ich kann es nur ahnen, aber da kneift mir Ingo schon den Schwanz ab, schreit fast, ich höre etwas auf den Boden platschen, er hat abgespritzt, hechelt nur noch, brummt, ich liege noch auf ihm, doch mein Pimmel ist schon rausgeflutscht, so stehe ich auf, wische mich ab, wir binden Ingo los, er steigt wieder in seine schwarze Hose.

»Und? Zufrieden mit dem Probetraining?«

»Saugeil. Hat euer Studio regelmäßig geöffnet?«

»Nur nach Vereinbarung.«

»Ich werde mir einen Termin geben lassen. Gibt's hier auch eine Bar?«

»Komm mit!«

Auf der Treppe packe ich an Ingos Hintern. »Geiler Arsch. Hab ich doch gleich gewusst.«

Wir sitzen bei einem Bier in der Küche.

»Du warst jetzt fast der Erste, der unser Gerät benutzt hat«, erklärt Thimo.

»Was heißt ›fast‹?«

»Na ja, Carsten hab ich mit viel Überredung mal so halb dazu gebracht …«

»Er weiß nicht, was er verpasst.«

Ingo ist weg, er will sich auf jeden Fall wieder melden.

»Hast du gehört, was er gesagt hat? Du weißt nicht, was du verpasst!«

»Ich bin nicht taub! Und ich will es gar nicht wissen.«

»Carsten, wenn Ingo irgendwann ›Stopp‹ gesagt hätte, hätten wir doch sofort aufgehört. Das würde ich bei dir natürlich auch. Soweit wirst du mir doch vertrauen.«

»Ja. Aber ich will das trotzdem nicht.«

»Ich glaube, du hast Angst davor, dass es dir gefallen könnte. Lass es uns doch probieren.«

»Nein, Thimo.«

7. Arbeitstherapie

Ich lasse die Anzeige zum Einstieg mal nur in einem der in unserer Gegend kostenlos verteilten Anzeigenblätter in der Rubrik Mann/Mann schalten, mit unserer neuen Spezial-Mailadresse »Meister-Erziehung...« und auf Thimos Wunsch ergänzt um »Kfl«. Bin gespannt auf die Resonanz.

Am Tag nach Erscheinen des Blattes kommt tatsächlich eine Mail. Die Absender-Adresse ist kein echter Name, das war auch nicht zu erwarten, und der Typ schreibt relativ kurz, er sei 25 und würde im Netz zu viel Porno gucken, er käme einfach nicht davon los, obwohl ihm die Problematik bewusst sei. Ob wir uns mal unterhalten könnten, möglichst an neutraler Stelle.

»Scheint zumindest kein Spinner zu sein«, meint Thimo. »Was schlagen wir vor?«

»Vorher irgendwo treffen ist schon okay. Aber Café oder Bar scheidet aus, da hört immer jemand zu. Vielleicht Sonntagnachmittag eine kleine Wanderung?«

»Gut. Schreib ihm.«

Der andere ist einverstanden.

Als wir an dem vereinbarten Parkplatz ankommen, stehen da schon einige Wagen, an einem lehnt jemand. Wir steigen aus, es ist sonnig, aber ziemlich kalt. Der Jemand kommt auf uns zu, Mütze, Schal, dicke Jacke, Brille, also schwer einzuschätzen.

»Hallo«, sagt er. »Wir sind wohl verabredet. Ich bin Achim. Mein echter Name.« Wir schütteln uns die Hände und stellen uns vor.

»Ich wollte als Erstes was fragen«, fährt Achim fort, »weil in der Anzeige was steht von ›Meister‹. Ich stehe aber nicht auf irgendwelche Rollenspiele, also, ich will euch mit Namen ansprechen. Und was wir hier bereden, bleibt natürlich unter uns. Soweit einverstanden?«

»Ja.«

»Gut, dann – was schlagt ihr vor?«

»Wir gehen jetzt hier eine Runde, du siehst aus, als ob du zu wenig an der frischen Luft bist. Und du erzählst einfach.«

Wir marschieren los. »Das mit der frischen Luft stimmt, ich komme kaum raus. Also, vor ein paar Monaten ist sehr unschön die Beziehung mit meinem letzten Freund auseinandergegangen, und danach bin ich in ein Loch gefallen. Abgesehen vom Büro kam ich kaum noch raus, und zu Hause bin ich ständig auf irgendwelchen Pornoseiten. Wenn ich mich dann doch mal mit jemand verabredet habe, habe ich keinen mehr hochgekriegt, weil ich dauernd vor dem PC gewichst habe. Aber ich kann doch nicht mit 25 anfangen, Viagra zu schlucken. Ich nehme mir jeden Tag vor, diesen Kasten gar nicht anzuschalten, aber ich schaffe es nicht. Das wär's soweit. Und ich habe nächste Woche Urlaub. Das heißt, ich würde den ganzen Tag … na ja.«

»Und wie willst du davon wegkommen?«

»In eurer Anzeige stand ›Arbeit‹. Da wäre ich beschäftigt. Und wenn ich außerdem keine Pornos sehen kann, könnte auch echter Sex wieder klappen. Hoffe ich zumindest. Vielleicht mit euch.«

»Welcher Sex?«

»Das liegt bei euch. Ihr seid doch die Meister.«

»Geh mal ein Stück voraus. Wir kommen nach, aber wir müssen erst zu zweit reden.«

»Was meinst du?«

»Ich kann dieses ›Ich schaff es nicht‹ nicht nachvollziehen, aber er kennt jedenfalls sein Problem. Wenn er meint, Arbeit hilft … davon haben wir genug. Sollen wir?«

Ich nicke.

»Achim, warte!« Wir schließen zu ihm auf. »Wir fahren jetzt zu uns.«

Wir zeigen Achim unseren Anbau, er soll morgen früh kommen und mitbringen, was er für ein paar Tage braucht. Mittagessen kann er mit uns, ansonsten soll er sich selbst verpflegen. Tagesrhythmus also wie gewohnt, nur andere Arbeit. Und keine elektronischen Medien. Thimo schärft ihm ein, bis morgen schon mal die Pfoten von sich zu lassen.

»Das schaff ich nicht.«

»Also bist du jetzt geil?«

»Nein, aber ich …«

Nun bellt ihn Thimo an. »Dann red nicht so einen Stuss. Dein ›Schaff ich nicht‹ nervt. Zieh dich aus! Jetzt, hier, alles. Sofort!«

Offensichtlich hat er den richtigen Tonfall getroffen, denn Achim sagt nichts mehr und ist schnell nackig. Er hat keinen Ständer und seine Kehrseite kann nicht mit Ingo mithalten, ist aber durchaus ganz nett.

»Beine auseinender, Arme in den Nacken, und Mund halten!«

Er steht mitten im Zimmer, wir umkreisen ihn wie ein Ausstellungsstück, werfen uns Kommentare zu.

»Was hältst du von seinem Arsch?«

Ich packe dran. »Scheint was zu vertragen.«

»Uns beide?«

»Locker!«

»Hast du Lust?«

»Immer!«

»Sein Schwanz?«

Ich knete ihn. »Wird schon.«

»Worauf warten wir dann noch?« Thimo öffnet schon seine Hose, ich tue es ihm gleich.

»Achim, blasen!«

Er kniet vor uns, bläst uns beide steif, während unsere Zungen miteinander spielen.

»Hinknien, auf die Matratze!«

Achims Pimmel ist schon nicht mehr so unbeteiligt, ich überlasse Thimo den Hintereingang, Achims Blaskünste waren ganz beachtlich, da soll er bei mir weitermachen. Ich ziehe meine Hosen aus, knie mich vor ihn, er lutscht meinen Schwanz, klammert sich zugleich mit den Händen an meinen Pobacken fest, seine Lippen massieren meinen Schaft. Wenn er dabei nicht geil wird, weiß ich auch nicht...

Thimo hat ihm ein paar Mal in die Kimme gespuckt, soweit ich das sehen kann, stochert er jetzt in Achims Arschloch. Der drückt das Kreuz durch und streckt seinen Hintern raus, der will bestiegen werden. Thimo nimmt die Finger raus, fasst Achim zwischen die Beine, nickt mir zu, ganz offensichtlich hat er nun einen Ständer. Thimo schmiert seine Latte mit weiterer Spucke, und dann ist der Arsch vor ihm dran. Als Thimo eindringt, reißt Achim kurz mit einem Stöhnen den Mund auf, dann saugt er schon wieder. Thimo und ich stoßen ihn nun im gleichen Takt, er kriegt zugleich zwei Schwänze eingepflanzt, oder zwei Schwänze nehmen einen neuen Anlauf.

Thimo grabscht unter Achims Bauch nach dessen Pimmel, scheint zufrieden. »Volldampf!«, sagt er zu mir, und wir legen richtig los. Stopfen Achim vorne und hinten, zugleich wichst ihn Thimo, und es dauert nicht lang, da jault Achim auf, wir rammeln ihn, solange er spritzt, dann wichsen wir uns selbst fertig, unser Sperma vermischt sich auf seinem Rücken.

Wir haben Achim zum Abendessen eingeladen und sitzen zusammen.

»Und? Besser als allein wichsen?«

»Viel besser.«

»Hast du wirklich bei deinen Verabredungen keinen hochgekriegt?«

»Ja, war so.«

»Dann hattest du dir die falschen Typen ausgesucht. Bei dir klappt jedenfalls alles. Trotzdem sollst du nicht dauernd allein vor der Glotze hängen. Geh raus! Such dir einen Kerl, der dir zeigt, wo's lang geht, du brauchst das. Und willst du eigentlich trotzdem morgen noch kommen?«

»Ja, ich würd' das gern so machen, wie wir vorhin gesagt haben. Jetzt erst recht.«

»Okay, dann kannst du dich darauf einstellen, dass du es jeden Tag früh und abends von mindestens einem von uns besorgt kriegst. Mindestens. Klar?«

»Klar!«

Ich hole aus dem Kühlschrank einen Rest Kuchen, den gibt's als Nachspeise. Achim fragt, ob er Sahne dazu haben könne.

»Ich glaub, wir haben keine.«

»Ich meinte eure Sahne.«

»Auf dem Kuchen?«

»Ja!«

»Du bist eine Drecksau!«

»Ja.« Er ist schon auf den Knien, wir lassen uns blasen, wichsen, spritzen ab auf Achims Kuchen, er verschlingt ihn gierig.

Achim ist weg. »Wie bist du drauf gekommen, ihn auf einmal so anzufahren, mit ›Stuss reden‹ und so?«

»Also, wenn einer auf eine Anzeige mit ›Meister‹ und ›Erziehung‹ antwortet, muss er mit sowas rechnen. Auch ohne Rollenspiel.«

Achim kommt am Montag früh mit Sack und Pack, Thimo nagelt ihn zur Begrüßung gleich ordentlich durch, während ich ein paar Sachen zusammensuche, die er brauchen wird. Etwas Geschirr, Besteck, Spülmittel, ein kleiner Tisch und zwei Stühle aus dem Keller.

Dann lassen wir ihn all den Grünschnitt, den wir von Büschen und Bäumen noch rumliegen haben, durch den Häcksler jagen und in Säcke füllen. Eine Arbeit, die wir immer vor uns hergeschoben haben.

Mittags hilft er mir beim Kochen, während Thimo was ausliefert. Dabei lasse ich mir genüsslich einen absaugen, er besorgt es sich mit der Hand.

Abends ist er wieder dran, nur mit umgekehrten Rollen. Ich ficke seinen Arsch, Thimo stopft ihm das Maul und Achim geht ab wie eine Rakete.

Am Dienstag fragen wir ihn, ob er sich denn immer noch selbst einen runterholt.

»Kein Bedarf. Mit euch bin ich ausgelastet.«

Oh ja, wir lasten ihn aus. Tagsüber Beete umgraben, morgens und abends anderweitig …

Achim liegt auf dem Rücken, Thimo hat sich seine Beine auf die Schultern gepackt und vögelt ihn, während ich sein Gesicht als Sitz benutze und mir den Arsch lecken lasse. Spitze.

Am Mittwoch zeigt Thimo ihm den Bock im Keller, das heißt, wir zeigen ihm den Bock nicht nur, wir schnallen ihn gleich drauf, und diesmal nutzen wir beide sein hinteres Loch, schleimen uns in ihm aus, und es kommt ihm, ohne dass ihn irgendwer angefasst hätte.

Die nächsten Tage schüttet es, draußen arbeiten kann man vergessen. Wir lassen Achim »seine« kleine Wohnung streichen, und da er deshalb dort nicht übernachten kann, schaffen wir seine Matratze in ein ungenutztes Zimmer unseres Hauses. Natürlich ist er dann bei allen Mahlzeiten dabei, und natürlich muss er mehrmals täglich herhalten. Nur für Thimo, nur für mich, für uns beide. Er macht immer mit, lässt sich in jeder Stellung bumsen, leckt und bläst wie ein Weltmeister, und er kommt immer auch selbst.

Als er sich Sonntagabend verabschiedet, sind etliche Arbeiten erledigt, die wir irgendwann machen wollten und die sicher noch lang liegen geblieben wären.

Achim will mal wieder vorbeikommen, seinen Porno-Konsum drastisch reduzieren und mehr unter die Leute gehen.

Und alle drei haben wir äußerst geile Nummern miteinander geschoben. Eine echte Win-win-Situation also.

Andererseits ist es doch ungewohnt, wenn ein Fremder mit im Haus ist. Für ein paar Tage okay, aber auf Dauer wollen wir das beide nicht.

8. Erziehung

Achim war der Einzige, der auf unser Inserat in dem Reklameblättchen reagiert hat, und Thimo meint, selbst das wäre ein Wunder. Wegen der Marktnische. Ich starte noch einen Versuch in unserer regionalen Tageszeitung; das Verbreitungsgebiet ist doch größer, und es kostet nicht die Welt. Thimo lässt mich machen, engagiert sich aber nicht weiter. Ich solle mich selbst auf den Bock legen, meint er, den Rest würde er übernehmen. Spinner.

Wir haben diese Zeitung auch abonniert, sie ist in unserer Gegend die einzige mit lokalen Nachrichten und deshalb die meistgelesene. In der Wochenendausgabe erscheint unsere Anzeige unter »Erotik«, und man glaubt nicht, was da so alles angeboten wird. Auf dem Land, in einer katholischen Gegend. Würde man eher in einem Porno-Magazin vermuten. Unser Text wirkt da eher brav, muss sogar Thimo zugeben.

Während unserer Mittagspause checke ich die Mails, es ist tatsächlich was gekommen. Ähnlich knapp wie von Achim, ohne Altersangabe, dafür ein Hinweis, dass er an Erziehung interessiert sei.

»Schreib ihm, er soll ein Bild schicken, bevor er womöglich hier aufkreuzt«, meint Thimo.

Es kommt sofort eine Antwort. Das möchte er nicht, Diskretion sei für ihn wichtig, aber er wäre jünger als wir und wirklich interessiert.

Wir bestellen ihn für morgen zum gleichen Parkplatz, auf dem wir mit Achim waren.

Er nimmt sofort an.

Es regnet und der Parkplatz ist bis auf einen Wagen leer, als wir ankommen. »Wir bleiben sitzen«, beschließt Thimo. »Der soll nass werden.«

Es dauert nicht lang, da hat der andere kapiert, dass wir nicht aussteigen werden und kommt zu uns. Er hat eine Regenjacke mit Kapuze und geht zu Thimos Seite, der sein Fenster herunterlässt.

»Entschuldigung. Sind Sie die beiden Meister?«

»Sind wir. Und du bist? Nimm die Kapuze ab, damit wir dich sehen.«

»Natürlich. Entschuldigung. Ich bin Robert.«

Soweit ich von meinem Platz aus sehe, dürfte er etwa dreißig sein, kurze, braune Haare, kurzer Vollbart, Brille.

»Warte!« Thimo lässt sein Fenster wieder hoch.

»Wenn er jetzt die Kapuze wieder aufsetzt, lassen wir ihn stehen. Der ist ein Typ wie Pablo. Was meinst du?«

»Er sieht ganz nett aus. Lass ihn rein.«

Thimo wartet noch etwas, dann fordert er Robert durch sein einen Spalt geöffnetes Fenster auf einzusteigen.

»Setz dich in die Mitte, damit wir dich beide sehen können.«

»Ja, natürlich.« Er rückt und putzt seine Brille. »Entschuldigung, wie soll ich Sie anreden?«

Thimo hat wohl recht, er sagt »Sie«, und das ist in kürzester Zeit schon die dritte Entschuldigung. Wir nennen unsere Namen, wir legen beide keinen Wert auf »Sir« oder Ähnliches.

»Also, Robert, was willst du? Aber bitte Klartext, kein Rumgeeiere.«

Er holt tief Luft. »Ja. Ich mag benutzt werden. Blasen. Lecken. Gefickt werden. Den Arsch versohlt bekommen. Ich kann auch arbeiten – weil das in der Anzeige stand. Aber wichtiger wäre mir Erziehung. Vor dem Bumsen Arsch voll.«

Zumindest eine klare Ansage. Thimo und ich nicken uns zu. »Gut. Steig aus und fahr uns hinterher.«

Wir führen Robert gleich in den Keller, zeigen ihm den Bock, damit er weiß, woran er ist. Er kriegt Stielaugen, will sich gleich drauflegen.

»Langsam. Das musst du dir erst verdienen. Wenn du uns in Stimmung bringst, kriegst du, was du brauchst. Sonst nicht. Also streng dich an.«

»Ja, natürlich. Was soll ich tun?«

»Als Erstes ziehst du dich aus. Ganz. Wir wollen alles von dir sehen. Alles, klar. Und dann überlegst du dir, was uns gefallen könnte.«

Thimo und ich stehen nebeneinander, jeder einen Arm um die Schulter des anderen. Robert ist schnell nackig, dreht sich vor uns, ist schon deutlich erregt. Er ist etwa ein Typ wie Ingo, jünger zwar und mit Haaren, aber sonst …

passt. Er will einen Schritt auf uns zugehen, doch Thimo hält ihn auf. »Stopp. Ich habe gesagt, ich will alles sehen.«

Mir ist nicht klar, was er will, und Robert offensichtlich auch nicht, doch er traut sich nicht zu fragen und dreht sich einfach noch mal.

»Bleib stehen!« Thimo geht zu Robert, greift mit links nach dessen Hodensack und haut ihm mit der Rechten einige Male heftig auf den Arsch. »Frag gefälligst, wenn du was nicht verstehst!«

»Ja. Entschuldigung. Was habe ich falsch gemacht?«

»Wir wollen alles von dir sehen! Auch dein Arschloch! Also bück dich!«

Thimos Argumentation hat was und scheint auch Robert einzuleuchten, er stellt sich sofort mit dem Rücken zu uns, beugt sich vor und spreizt seine Arschbacken. Thimo hat ganz schön zugelangt.

»Gut. Jetzt kümmere dich um uns.«

Robert geht vor uns in die Knie, seine Hände tasten uns ab, vorsichtig, dann etwas fester, ich kriege Gefühle. Das merkt Robert sicher, er wird mutiger, öffnet uns mit einem Ruck die Reißverschlüsse, will mit den Händen hineingreifen, doch Thimo unterbricht. »Halt. Aufstehen!«

Gleiches Spiel wie vorher. Fester Griff an den Eiersack und harte Schläge auf den Arsch. »Was hast du falsch gemacht?«

»Ich … ich weiß nicht.«

»Wenn ich keine Unterhose anhätte, hättest du mir sonst was eingezwickt. Also frag oder sei vorsichtig. Weitermachen!«

»Ja. Entschuldigung.«

Also, wenn Thimo weiter bei jeder Kleinigkeit unterbricht, komme ich heute nicht mehr zu meinem Fick. Robert öffnet unsere Gürtel, zieht die Hosen runter zu den Knien, knetet unsere Schwanzpakete, schnüffelt daran, Thimo schürzt die Lippen, nun kommt auch er in Stimmung, Robert streift unsere Slips ab, ist offensichtlich beeindruckt von der Größe unserer Latten, wir stellen uns so, dass unsere Nillenköpfe sich berühren, Roberts Zunge speichelt uns ein, seine Lippen küssen unsere Eicheln, das macht er gut.

»Darf ich Sie ausziehen?«

Wir lassen ihn, er passt auf, legt unsere Sachen ordentlich über einen Stuhl, das Aroma der Unterhosen zieht er sich wieder rein, dann kniet er hinter uns, greift durch unsere Beine nach vorne, spielt mit unseren Klunkern, Thimo zwinkert mir zu, er scheint zufrieden, beugt sich etwas vor, spreizt mit den Händen seine Hinterbacken. Robert versteht, leckt ihn, mich muss er dazu loslassen, gut, er hat keine drei Hände, aber diese Zunge an meinem Loch, das will ich auch noch haben, stelle mich entsprechend hin, nach einer kleinen Weile kommt Robert zu mir, auch Arschlecken kann er – aber klar, so kann er immer nur einen von uns bedienen.

Irgendwann sagt Thimo: »Genug. Leg dich auf den Bock!«

»Ja. Sofort.«

Da die Bretter für die Beine nach unten stehen, legt sich Robert natürlich auf den Bauch, präsentiert seine äußerst appetitliche Kehrseite, Thimo und ich schnallen ihn fest, bei jedem sich schließenden Gurt kommt von Robert lustvolles Stöhnen, sein eigener Pimmel baumelt stocksteif zwischen seinen Beinen. Ich frage mich, ob der wohl durchhält, bis wir fertig sind.

»Kein Geschrei!«, schärft Thimo Robert noch ein, ehe er loslegt, doch schreien könnte der eh nicht, weil ich ihm das Maul stopfe. Ich presse seinen Kopf an mich, lasse meinen Kolben in ihm stecken, er hält es aus, atmet nur durch die Nase, ein Pluspunkt für ihn, das schafft nicht jeder.

Thimo hat sich derweil Roberts Hintern vorgenommen und verhaut ihn ordentlich, zwar nur mit der Hand, obwohl … bei Thimos Kraft und seinen Pranken kann man da nicht von »nur« sprechen. Es klatscht jedenfalls ganz schön laut und tut sicher ordentlich weh, doch Robert hat sich im Griff, stöhnt nur leise, während ich ihn nun oben nagle.

Thimo lässt von Robert ab, kommt zu mir, sein Rohr tropft fast. »Lass uns tauschen!«

»Fick mich! Bitte fick mich!«, stöhnt Robert, als er kurz den Mund frei hat, bevor Thimo ihn wieder füllt.

Thimo hat zugelangt, Roberts Arsch glüht geradezu, und trotzdem ist er immer noch stocksteif. Ich habe das Gefühl, es reicht, presse mich an ihn, er ist heiß, in jeder Beziehung. Aus unserer Glitschtube lasse ich etwas in Roberts Kimme tropfen, warte, bis es runtergelaufen ist zum Loch, dann schiebe ich ihm ohne Vorwarnung gleich mal drei Finger rein, das entlockt ihm das erste etwas lautere Stöhnen, doch gleich fängt er sich wieder und nuckelt an Thimos Euter.

Ich ersetze die Finger durch meine Kanone, der Arsch

ist innen noch heißer als außen, ich verpasse Robert meine ganze Länge, halte mich fest an einem der Gurte um seinen Körper, presse meine Lenden gegen seine Backen, bleibe so drin, reibe mich nur an ihm, ohne Fickbewegungen, doch die Hitze dieses Arsches ist dermaßen geil, dass ich mich einfach nicht mehr beherrschen kann, es muss raus, alles muss raus, ich spritze schreiend meine Soße in Roberts Arschkanal, muss mich dann auf ihm abstützen.

Thimo guckt. »Was ist denn mit dir los? Davon hatte er doch jetzt nichts.« Und mit Blick nach unten: »Willst du meinen Schwanz auch noch?«

»Bitte … ja, bitte, fick mich!«

»Dann wollen wir mal.« Thimo schiebt mich zur Seite, ich muss mich setzen, sehe zu, wie er sich austobt in Roberts Hintern. Ich würde das nicht aushalten, doch Roberts Stöhnen ist eindeutig geil, dem gefällt das, auch als Thimo das Tempo nochmals steigert, auf den Abschuss zusteuert. Robert hält mit, bis auch Thimo ihn abfüllt und sich auf ihn fallen lässt.

»Bleib drin … bitte bleib drin …«

Ich kann nicht wirklich was sehen, doch Robert scheint seine Bein- und Arschmuskeln, soweit möglich, zu bewegen. Es dauert nicht lang, dann kommt von ihm ein lautes »Jaaahhh«, ich bücke mich und sehe, wie unter dem Bock sein Schwanz zuckend ablädt, fünf, sechs Spritzer mindestens.

Wir haben Robert losgebunden und uns gewaschen, während er den Boden geputzt hat, war schließlich seine Soße.

Wir trinken noch einen Kaffee zusammen, und als Robert wieder mit »Sie« anfängt, meint Thimo, er solle beim »Du« bleiben.

»Wieso bleiben? Hab ich schon …? Entschuldigung, wollte ich nicht.«

»Du hast jedenfalls nicht gesagt ›Ficken Sie mich‹, oder?«

»Ja, stimmt. Gut. Und ich wollte noch sagen, es war fantastisch. Wirklich. Sie … Ihr habt mich so fertig gemacht, ich hätte mich nicht mehr lang beherrschen können. Geht natürlich nicht jeden Tag so was, aber … ich würde gern wiederkommen.«

»Gib uns deine Nummer, wir melden uns.«

Er zögert, doch dann schreibt er was auf. »Ihr passt bitte auf, ja? Ich muss vorsichtig sein.«

»Was denkst du? Wir wissen nicht mal, wie du heißt, und wahrscheinlich wirst du es uns auch nicht sagen. Bist du Pfarrer?«

»Nein, das nicht. Aber trotzdem … und ich würd' mich wirklich freuen.«

»Es hat dir Spaß gemacht, ihm den Arsch zu versohlen, oder?«

»Ja, hat auch was. Gerade weil er es wollte.«

»Der wollte, ja. Ich versteh's nicht, aber … dein Bock ist jedenfalls spitze! Hat uns schon drei Stuten beschert. Die werden alle wiederkommen, wenn sie rollig sind.«

»Ja, aber ich hab das Ding schon auch für dich gebaut!«

»Thimo, das Thema hatten wir schon. An deinem Geburtstag wieder.«

9. Kevin

Ein Samstagvormittag, ich bin allein zu Hause. Thimo macht Gartenpflege bei irgendwelchen Kunden, ich bereite Osterglocken, Hyazinthen, erste Maiglöckchen für den Verkauf vor. Als ich mir einen neuen Sack Erde holen will, denke ich, ich sehe nicht richtig. Da steht an der Kassenbox, die wir eingerichtet haben für Leute, die sich zum Beispiel selbst Blumen abschneiden, wenn wir mal nicht da sind, ein langer, schmächtiger Kerl und versucht ganz offensichtlich, das Ding zu knacken. Ein Fahrrad liegt neben ihm im Gras, und er ist so beschäftigt, dass er mich noch nicht bemerkt hat.

Vorsichtig ziehe ich mich zurück, mache einen Umweg, komme in seinen Rücken, schneide ihm den einzigen Weg zur Straße ab. Ein Profi ist der jedenfalls nicht, er hat seine Umgebung überhaupt nicht im Auge, und als ich ihn, schon relativ nahe, anschreie, lässt er vor Schreck einen Schraubenzieher fallen und versucht, auf sein Fahrrad zu kommen. Aber er trägt eine dieser Hosen, bei denen der Bund fast in den Kniekehlen hängt, und stolpert über seine eigenen Beine. Da bin ich schon über ihm, werfe ihn auf den Bauch und drehe ihm einen Arm auf den Rücken. Er versucht zwar, sich zu befreien, aber das kann er vergessen, er ist mir nicht gewachsen.

»Was sollte das werden?«

»Nichts … ich … au … lass mich los …«

»Erstens redest du mich gefälligst mit ›Sie‹ an und zweitens lasse ich mich nicht verarschen! Klar? Wir werden jetzt mal ein paar Wörtchen miteinander reden. Moment.« Ich schiebe ihm die Hose noch weiter runter bis zu den Knöcheln. »Die Hose bleibt unten, damit du nicht auf die Idee kommst, davonzurennen. Und jetzt aufstehen!«

Ich lasse ihn los, er scheint zu überlegen, ob er einen Fluchtversuch riskiert, sieht aber wohl die Sinnlosigkeit und trottet mit hängendem Kopf vor mir her zu unserer Scheune.

»Hinsetzen! Und nimm diese bescheuerte Kapuze ab!«

»Darf ich die Hose wieder …«

»Nein!« Ich baue mich vor ihm auf, eigentlich sollte ich sitzen und ihn stehen lassen, aber ich will, dass er zu mir aufsieht. Er ist sehr jung, fünfzehn vielleicht, groß, aber nicht viel an ihm dran, braune Haare, er stiert auf den Boden vor sich.

»Sieh mich an, wenn ich mit dir rede. Wie heißt du? Wie alt bist du? Und was sollte das? In dieser Kasse sind vielleicht zehn Euro. Und dafür willst du dir einen Riesenärger einhandeln?«

»Kevin. Ich bin sechzehn. Entschuldigung. Ich mach's nicht wieder. Kann ich gehen?«

»Nicht so schnell. Ich würde gern mit deinem Vater reden.«

»Geht nicht. Der ist in Kaisheim.«

»Wo?«

»Kaisheim. Knast.«

»Und da willst du auch hin, oder wie? Was ist mit deiner Mutter?«

»Es wird sie nicht interessieren. Sie hat gerade wieder einen neuen Lover, da störe ich sowieso nur.«

So wie er es sagt, glaube ich ihm das alles. Trotzdem, Klauen geht nicht. »Ich kann auch die Polizei anrufen.«

»Nein, bitte nicht. Ich ... die haben mich schon mal erwischt, als ich Sneaker ... und ...«

»Du hast versucht, Turnschuhe zu klauen?«

»Wenn Sie mit solchen Dingern rumlaufen müssten, würden Sie das auch.« Er zeigt seine Füße.

Ich halte ja nichts von diesem ganzen Markenfetischismus, aber was er da trägt, sieht wirklich arg billig aus.

»Sie haben mir dann zwanzig Sozialstunden aufgebrummt. Muss nicht noch mal sein.«

Was mache ich mit ihm? Polizei nicht, aber auch wenn er aus einer verkorksten Familie kommt, einfach so laufen lassen will ich ihn nicht.

»Also Kevin, auch wenn du in schwierigen Verhältnissen steckst, Klauen geht nicht. Du hast dafür eine Strafe verdient.« Er stöhnt auf. »Lassen wir die Polizei beiseite. Mir fallen zwei Möglichkeiten ein. Erstens, du arbeitest die zwanzig Stunden hier, ab nächster Woche sind doch Osterferien, da hast du Zeit. Geld gibt es dafür keines.« Er stöhnt wieder.

»Zweitens, da du ja Kohle brauchst: Du arbeitest hier, so

für acht bis zehn Euro die Stunde. Weil Arbeit mit Bezahlung aber keine Strafe ist, werde ich dir dafür den Arsch verhauen.«

Er starrt mich an. »Was? Wie?«

»Ich glaube, dir hat jemand gefehlt, der dir klar gemacht hat, was geht und was nicht, sonst wärst du nicht auf die Idee gekommen, zu klauen. Sagen wir, für eine Stunde zehn Schläge, wenn du die Hose anbehalten willst, oder fünf auf den Nackten. Mit der Hand. Überleg es dir.«

»Das sind ja für zwanzig Stunden ... über hundert!«

»Hundert ohne Hose, zweihundert mit. Aber nicht alle auf einmal. Du kannst heute schon mal mit der Arbeit anfangen. Zieh dich an und hol dein Rad! Dann zeige ich dir, was zu tun ist. Danach sagst du, was du willst. Los!«

Er könnte die Gelegenheit nutzen, um abzuhauen, doch ob nun aus Angst vor mir oder wegen des in Aussicht stehenden Geldes – er bleibt, und so lasse ihn beim Umtopfen zusehen, dann neben mir arbeiten, natürlich braucht er viel länger als ich, aber er bemüht sich zumindest. Ich frage ihn aus, er geht in die letzte Klasse der Hauptschule, hat sich für einige Lehrstellen beworben, aber noch nichts gekriegt.

Nach zwei Stunden hören wir auf. »Also Kevin, sollen wir nun zwei von deinen Stunden streichen oder möchtest du zwanzig Euro?«

»Ich möchte das Geld.« Er starrt auf den Boden.

»Gut.« Ich setzte mich, deute auf meine Knie. »Hier drüber.«

Er legt sich bereit, ich versuche, seine Hose halbwegs zu spannen, aber das Ding schlottert um seinen Hintern. Ich verpasse ihm zehn Hiebe, so, dass er es zwar spürt, aber nicht wirklich fest. »Soll ich weitermachen?«

»Moment.« Er steht auf, wendet sich halb ab, zieht ganz schnell Hose und Unterhose runter und liegt schon wieder auf mir. »Jetzt so.«

Rosige Bäckchen auf meinen Knien, klein, aber knackig. Darauf kriegt er jetzt fünf Patscher, keine rohe Gewalt, aber das Rosa wird intensiver. »Du kannst aufstehen.«

»Sie … Sie können noch eine Stunde machen.«

Gut. Nochmal fünf, ganz schnell hintereinander. »Jetzt langt's für heute. Steh auf.«

Er dreht sich zum Anziehen wieder weg, und ich tue so, als ob ich den Ständer, den er da zu verbergen versucht, nicht gesehen hätte.

Wir gehen zurück zum Haus. »Was hast du für eine Schuhgröße?«

»44, wieso?«

»Warte mal.« Ich suche die Treter, die ich vor zwei Jahren angeschafft habe, mit dem Vorsatz, Joggen zu gehen. Genau einmal getragen.

»Probier sie an. Kannst du haben, wenn sie dir gefallen und passen.«

Er ist schon drin. »Cool! Danke! Darf ich sie gleich anbehalten?«

»Sicher. Deine alten lassen wir hier, für die Arbeit tun sie's noch.« Er nickt.

»Hier sind deine zwanzig Euro. Wenn du mehr verdienen willst, komm nächste Woche.«

»Ich komme. Danke, tschüss.«

Beim Mittagessen erzähle ich Thimo die ganze Geschichte. »Als ich ihm die Schuhe geschenkt habe, das war für ihn wie Weihnachten.«

»Das ist schon recht. Meinetwegen soll er hier auch jobben, wir finden schon was für ihn. Dass du ihn verhaust, ist nicht okay.«

»Das wollte er.«

»Welche Alternative hatte er denn? Ganz ohne Strafe hätte ich ihn allerdings auch nicht davonkommen lassen, aber …«

»Du kannst ihn dir am Montag anschauen, falls er kommt. Wenn er anständig arbeitet, können wir ihm den Rest der Strafe auch erlassen.«

»Na schön. Und jetzt ist Wochenende. Ich hab was für uns. Heute Abend.« Er zieht eine DVD aus seiner Tasche und grinst dreckig.

»Thimo, du bist ein Schwein!«

»Kann schon sein. Und außerdem geil, seit ich dieses Ding gekauft habe. Fühl mal!« Er packt meine Hand, legt sie auf seine Schwanzbeule und fasst zugleich mir ans Gemächt. »Komm, wir wichsen!«

Darauf war ich jetzt nicht eingestellt, aber er hat meinen Reißverschluss schon geöffnet, seine Finger zerren meinen Pint ins Freie, mit der anderen Hand öffnet er seine eigene Hose, schiebt sich alles runter zu den Knien, und ich kenne diese Latte ja nun wirklich, aber … immer wieder beeindruckend. Und so wächst auch mein Rohr, wir holen uns beide einen runter und spritzen ab ins Spülbecken der Küche.

Am Nachmittag kommen noch ein paar Leute vorbei, die was kaufen. Geöffnet haben wir eigentlich nicht, aber es hat sich rumgesprochen, dass zumindest einer von uns meist da ist. Gehört auch zum Chef-sein-Wollen.

Beim Abendessen frage ich schon mal, worum's in dem Porno geht.

»Gärtner! Deshalb hab ich's gekauft.«

»Schwule Gärtner???«

»Na ja, eigentlich spielt es in einem englischen Erziehungsheim. Aber die Jungs dort müssen eben im Garten arbeiten und so. Mindestens eine Szene ist in einem Gewächshaus. Ein paar Erzieher, so wie ich, und ein paar unartige Bürschchen, so wie du!«

»Thimo, ich brauche keinen Erzieher!«

»Doch, manchmal bräuchtest du einen.«

Er muss immer das letzte Wort haben.

Wir fläzen nebeneinander auf unserem Sofa, nur im T-Shirt, untenrum nackig, Füße auf einem Hocker, jeder hat ein Bier und eine Schale Chips neben sich und Thimo hat den DVD-Spieler angeworfen.

Die erste Szene hat's schon mal in sich. Ein paar ganz hübsche Jungs tun so, als ob sie Büsche beschneiden würden, zwei von ihnen werden von einem Aufseher mit richtig fieser Visage in einen Schuppen dirigiert. Er lässt sich blasen und den Arsch lecken, die Jungs müssen sich ausziehen und einer den anderen ficken, erst im Stehen, dann legt sich einer auf den Rücken, und der zweite, ein richtig unschuldig wirkendes Bürschchen, hockt sich auf ihn und steckt sich ein durchaus beachtliches Rohr in sein kleines Arschloch.

Ich knete Thimos Latte, seine Hand spielt mit meiner. Beide vollsteif, aber noch nicht abschussbereit.

Nun stellt sich der fiese Aufseher hinter die beiden Burschen und schiebt seinen eigenen Kolben auch noch in den Gefickten. Es ist deutlich zu sehen, dass da zwei Schwänze in einem Loch stecken. Und der Fiesling reckt ganz ordinär breitbeinig seinen eigenen Arsch dem Zuschauer entgegen.

»Dieser Widerling! Den Arsch möchte ich ihm stopfen, dafür, dass er den armen Kleinen so hernimmt!«

»Carsten, du bist zu sentimental. Dein armer Kleiner ist Profi und geht wahrscheinlich auf den Strich, sonst könnte er sich nicht zwei Schwänze einpflanzen lassen. Aber die Szene ist geil. Schauen wir's noch mal an und machen uns fertig?«

Er wartet gar nicht auf eine Antwort, springt zurück, und die Jungs schneiden wieder Büsche. Wir haben nun beide die rechte Hand am eigenen Schwanz, Thimos Linke um meine Schulter, Hüften und Bein aneinandergepresst, so beobachten wir wieder den Filmfick. Ab da, wo sich der Aufseher-Kolben in den Bubenarsch zwängt, werden wir schneller, geben uns die Faust. Ich halte nicht durch bis zum Film-Orgasmus, zu diesem fast bildfüllenden Arsch verspritze ich meine Soße. Thimo schafft es etwas länger, er kommt zusammen mit dem ersten der beiden Jungs.

»Wow! Geil, was? Ich glaube, der Film wird uns noch ein paar Tage unterhalten.«

10. Der Lehrer

Den Sonntag beschäftigt uns der Film jedenfalls schon mal. Oder besser dreimal. Morgens. Nachmittags. Abends.

Die Gewächshaus-Szene ist auch nicht schlecht. Der zweite Erzieher, ein halbwegs freundlicher großer Blonder, stopft einem seiner Zöglinge neben den Geranienpötten den Arsch, während der Fiesling von draußen zuschaut, sich einen abwichst und auf die Glasfenster abspritzt.

Am Montagvormittag taucht Kevin auf. Ich habe das Gefühl, er ist von Thimo ziemlich beeindruckt und stellt sich ganz anständig selbst vor.

Wir haben beschlossen, ihn ein Garagentor streichen zu lassen, das müsste er alleine können, ohne dass ständig einer von uns bei ihm sein muss. Thimo erklärt, wie er anfangen soll, dann lassen wir ihn machen. Manchmal kommt er, fragt was, ab und zu schauen wir vorbei, er scheint bei der Sache zu sein. Mittags fragen wir ihn, ob er mit uns essen und am Nachmittag weitermachen will.

Er will, und es gibt wirklich nichts Großartiges, nur einen aufgewärmten Gemüseeintopf, aber Kevin haut rein wie ein Scheunendrescher. Thimo wirft mir einen vielsagenden Blick zu. Und mir fällt auf, wie Kevin Thimo hinterherstarrt, wenn der mal zum Kühlschrank geht.

Am Nachmittag arbeiten wir weiter, und als Kevin mit der Grundierung fertig ist, sagen wir, er soll für heute Schluss machen. Das muss erst mal trocknen. Den Rest der Strafe wollen wir ihm erlassen, er hat ganz ordentlich geschuftet.

»Kevin, hier sind dreißig Euro.« Thimo hält ihm die Scheine hin. »Und wegen der Strafe …«

»Ja, danke. Und die Strafe« – er schaut zu Thimo – »können Sie das heute übernehmen?«

Oha! Ich habe mich nicht getäuscht. Kevin fährt voll auf Thimo ab. Der zögert.

»Okay. Wenn du's willst. Komm mit.« Thimo geht voraus, Kevin hinterher, ich bleibe in Hörweite.

Bald darauf fünf laute Klatscher. Kevin wollte es offensichtlich wieder auf den Nackten. Kurze Pause, noch mal fünf. Und noch mal fünf. Wieder drei Strafstunden abgearbeitet.

Kevin ist weg. »Thimo, der steht auf dich.«

»Ich hab's gemerkt. Er hat nach den dritten fünf gesagt, ich könne weitermachen. Aber es hat gelangt. Und bei ihm weiß ich, anders als bei Pablo oder Robert, nicht, ob das wirklich die Art von Sex ist, die er will. Er wird noch nicht viel anderes kennen. Aber es macht ihn an, er hat einen Ständer gekriegt, als er bei mir über den Knien lag. Trotzdem, er ist viel zu jung, ich werde mit ihm sicher nichts anfangen. Solltest du auch nicht!«

»Ich interessiere ihn eh nicht mehr.«

Der nächste Tag verläuft ganz ähnlich, Kevin streicht das Garagentor, der warme Orangeton statt des alten, dreckigen Graus gibt einem Besucher gleich einen freundlicheren ersten Eindruck unseres Betriebs. Thimo verhaut ihm wieder den Hintern.

»Ich schlage nicht fest zu. Und ich fasse ihn auch nicht wirklich an. Er wartet darauf, aber das mache ich nicht. Ich glaube, er sucht gleichzeitig einen Vaterersatz und einen ersten Lover, aber ich will das nicht sein.«

Gründonnerstag, kurz vor Ostern ist viel los, den Leuten fällt ein, dass sie zu den Feiertagen Frühlingsblumen wollen, und wir verkaufen gut, Tulpen, Narzissen, Forsythienzweige. Kevin lassen wir heute die Einfahrt, den Hof und die Scheune fegen, er ist nicht angetan, aber er macht's.

Plötzlich fährt Robert auf unseren Hof, er müsste sich eigentlich denken können, dass wir jetzt keine Zeit für ihn haben. Kaum ist er ausgestiegen, winkt Kevin schon vom Tor aus und kommt auf uns zu. »Scheiße«, flüstert Robert. »Scheiße. Bitte siez mich, wenn er dabei ist. Bitte!«

Kevin ist da. »Hallo Herr Wolf. Kaufen Sie hier ein?«

»Ja, äh, ich weiß nur noch nicht, was. Und du?«

»Ich jobbe hier in den Ferien. Bisschen Geld. Bis übernächste Woche dann, schöne Ostern.« Kevin geht wieder.

»Also, ich fasse zusammen, du heißt Wolf, bist Lehrer und hast panische Angst davor, dass jemand erfährt, dass du schwul bist. Richtig? Wäre es so schlimm?«

»Überleg mal, wie viel Respekt Sechzehnjährige vor einem schwulen Lehrer hätten. Bitte haltet die Klappe, es ist so schon schwierig genug. Kevin ist soweit in Ordnung, trotz… Kennt ihr die Familienverhältnisse?«

»So grob.«

»Dann wisst ihr ja Bescheid. Ich sollte das nicht sagen, aber bitte gebt ihm was unter der Hand, denn wenn es offiziell läuft, zählt das als Haushaltseinkommen und die Sozialbehörde wird den Hartz IV-Satz kürzen.«

»Das ist jetzt nicht dein Ernst?«

»Doch, ist so. Ich habe mehrere Schüler aus solchen Familien. Was soll ich denen sagen, wenn Politiker wieder mal was faseln von ›Leistung muss sich lohnen‹?«

Es ist nicht zu fassen.

Ich verschwinde mit Robert in einem Gewächshaus, er will was kaufen, damit Kevin keinen Verdacht schöpft. Eigentlich wollte er fragen, wann er wiederkommen darf.

»Wir haben gesagt, wir melden uns bei dir.«

»Ja, natürlich. Entschuldigung. Ich nehme dann ein paar Blumen mit.«

»Warte. Ich muss pinkeln.« Ich sage nicht mehr, packe meinen Schwanz aus, er muss wissen, was das für ihn heißt.

Ängstliche Blicke nach rechts und links, er zaudert, doch dann geht er in die Knie, hängt sich an mich und ich lasse es laufen, tut richtig gut, und nichts geht daneben.

»Kannst du kochen?«

»Was? Ja, äh wieso?«

»Du darfst heute Abend kommen. Halb sieben.«

Weil Thimo gerade was ausliefert, als Kevin fertig ist, bin heute ich wieder dran mit Popoklatschen. Mehr ist es nicht.

»Was wollte Robert?«, fragt später Thimo und ich berichte.

»Lehrer also. Da muss er vorsichtig sein, ja. Aber dafür, dass er einfach so hier aufkreuzt, überlege ich mir noch was, das geht nicht. Und du willst ihn kochen lassen?«

»Ja, heute werde ich ihn kommandieren.«

Robert steht Punkt halb sieben auf der Matte, ich zeige ihm in der Küche, was wo ist. Wegen Gründonnerstag wird es nur Spinat, Salzkartoffeln, Spiegeleier geben, das sollte er auf jeden Fall hinkriegen.

Ich gebe ihm eine Schürze. »Hier, kannst du anziehen. Aber den Rest ziehst du vorher draußen im Flur aus. Da sind auch Filzlatschen, kannst dir welche nehmen.«

Robert verschwindet kurz, und als er fast nackt wieder in die Küche kommt, taucht auch Thimo auf, rückt einen Stuhl in die Mitte des Zimmers, setzt sich. »Robert, bring mir einen Kochlöffel und leg dich hier drüber!« Er deutet auf seine Knie.

Robert schaut etwas konsterniert, traut sich aber nicht, was zu sagen, und tut wie ihm befohlen. Thimo rückt ihn sich zurecht, dann kommt der Kochlöffel zum Einsatz. Ich zähle nicht mit, doch Thimo langt ganz schön zu, verteilt seine Schläge überall auf beiden Arschbacken. Es zieht sicher ordentlich, doch Robert beherrscht sich, schreit und zappelt nicht, lässt es über sich ergehen, bis Thimo genug hat. »Du kannst aufstehen. Weißt du, warum du jetzt den Arsch vollgekriegt hast?«

»Nein, Thimo.«

»Wir haben gesagt, wir melden uns bei dir! Wenn du's

dringend brauchst, kannst du vielleicht anrufen, aber nicht einfach hier auftauchen, klar?«

»Ja, natürlich. Entschuldigung.«

Ich muss gestehen, ich habe einen Steifen gekriegt.

Thimo und ich setzen uns auf die Eckbank, lesen Zeitung und lassen Robert werkeln. Seine Kehrseite muss ganz schön brennen, doch er lässt sich nichts anmerken, beim Tischdecken fragt er, ob er mit uns essen dürfe, bedankt sich, als wir zustimmen.

Er hat es ordentlich gemacht, das Essen schmeckt, danach räumt er ab, spült, putzt Herd und Arbeitsplatte, fragt, ob wir zufrieden waren.

»Bis jetzt ja. Du darfst dich um uns kümmern.« Ich stehe auf, lehne mich breitbeinig an den Tisch, Robert ist sofort unten und tastet nach meinem Schwanz.

»Hast du eine Unterhose an?«

Das hat er sich also schon mal gemerkt. Thimos Erziehung trägt Früchte. »Ja. Du kannst mich ausziehen.«

Er befreit mich von Jeans und Unterhose, saugt an meinen Eiern und meinem Kolben, bald steht meine Latte wieder, da kommt Thimo, er hat sich untenrum selbst schon ausgezogen und lässt sich nun bedienen. Als auch er steif ist, sage ich Robert, er soll sich, natürlich ohne Schürze, auf dem Rücken auf den Tisch legen, und zu Thimo, er soll ihn ficken. Als Schmiermittel kriegt er von mir etwas Olivenöl in die Hand, und während er damit seinen Schwanz und Roberts Loch einreibt, steige ich auf den Tisch, breitbeinig über Roberts Brust, gehe in die Knie, bis ich seine Nase in meiner Kimme spüre. Thimo hat

Roberts Beine schon hochgestemmt, die halte ich nun fest, so hat Thimo freien Zugang zu diesem Rotarsch, während ich mich lecken lassen kann.

Robert hat schon angefangen, in meiner Spalte wird es nass, er muss seine Zunge so weit wie irgend möglich draußen haben, er sucht mein Loch, ich muss ein kleines Stückchen auf ihm rutschen, jetzt hat er's, ist an meinem zweitempfindlichsten Körperteil, arbeitet sich richtiggehend in mich hinein.

Thimo ist ebenfalls aktiv geworden, er bohrt Roberts Arsch auf, wir sehen uns in die Augen, lüsterne Blicke, wir verstehen uns jetzt blind, Roberts Zunge ist saugeil, trotzdem muss ich mich wichsen, um selbst zu kommen, aber damit warte ich, bis auch Thimo so weit ist, und der kann ziemlich ausdauernd sein, vor allem, wenn er es sich vor Kurzem selbst besorgt hat, was ich ihm durchaus zutraue.

Vorerst vögelt er eher verhalten, Roberts Schwanz ist zwar steif, scheint aber ebenfalls noch nicht abschussbereit. Und so mache ich vorerst nichts, halte nur Roberts Beine und genieße seine Zunge.

Thimo lässt sich Zeit, erst nach einer ganzen Weile geht es richtig los, seine Stöße werden hart, ich überlasse ihm Roberts rechtes Bein, um eine Hand für mich selbst zu haben, ein kurzes »Jetzt« startet unseren Endspurt, ich rubble immer schneller, Thimo bockt noch wilder, er verzieht das Gesicht, er füllt Roberts Arsch, mein Eierschleim schießt raus, auf Roberts Bauch, auch dessen Schwanz kriegt was ab, die Zunge geht noch weiter in mich rein, und da richtet sich sein Rohr auf, nicht senkrecht, aber ein gutes Stück, und fängt an zu spucken, seine Soße landet auf meiner Brust, läuft an mir runter.

Robert hat uns allen noch Kaffee gemacht und ist dann aufgebrochen. Er hofft, wir melden uns bald wieder.

»Für Arschlecken kriegt er eine Eins mit Stern.«

»Für sein Loch auch. Kann sogar mit deinem mithalten.«

11. Fahrer und Beifahrer

Am Karfreitag müssen wir schon einiges für den nächsten Tag vorbereiten, das wird ein Großkampftag. Wir arbeiten mit einem Händler zusammen, der mehrere Marktstände betreibt und dort unsere Sachen verkauft. Er wirbt mit »regionaler Produktion«, das stimmt ja auch, und nimmt uns ziemlich viel ab. Wir bereiten vor, was geht. Der Fahrer ist für sechs Uhr morgens angekündigt, und unmittelbar davor müssen wir noch die Schnittblumen herrichten. Morgen also sehr früh aufstehen.

Am Abend fragt Thimo nach einem Buch, aber da ich gerade vom Kochen dreckige Finger habe, sage ich ihm nur, wo in meinem Zimmer das ungefähr sein müsste, er soll es sich selbst holen.

Nach einer Weile kommt er wieder, eine Hand hinter dem Rücken. »Hab's nicht gefunden. Aber dafür das hier.«

Scheiße, verdammte Scheiße! Er hat meinen Dildo in der Hand. Ich hab heute früh vergessen, ihn wegzuräumen, nachdem ich … scheiße. Ich glaube, ich werde rot und Thimo bricht in schallendes Gelächter aus.

»Das ist aber jetzt peinlich, was? Wenn ich dich bumsen will, stellst du dich an, aber den Gummipimmel steckst du dir rein. Ich kann's doch wohl besser! Werde ich dir heute noch beweisen.«

Dem kann ich mich jetzt schlecht entziehen und so lasse ich ihn ran, und natürlich ist Thimos Schwanz viel besser als dieser Kunstdödel, aber er soll nicht meinen, dass er mich nun deshalb dauernd …

Schon vor sechs biegt ein Lieferwagen in unseren Hof. Georg, den Fahrer, kennen wir. Er ist ein Typ wie wir, schwul, aber auch Hengst, und so können wir miteinander nicht wirklich was anfangen. Heute hat er allerdings einen Beifahrer mitgebracht, bisher war er immer allein.

Beim Beladen frage ich leise nach seinem Kollegen, aber Georg antwortet ganz laut, Thimo und der andere müssen das auch mitkriegen. »Das ist mein Conny, ein braver Junge, macht alles, was ich sage.«

»Macht alles, was du sagst? Alles?«

»Ja. Heute hat er mir schon die Morgenlatte abgesaugt. Hat's geschmeckt, Conny?«

»Ja, Georg.« Er arbeitet weiter, ohne sich anmerken zu lassen, ob ihn diese Bloßstellung beschämt.

Conny ist vielleicht 25, einen halben Kopf kleiner als wir, ganz ansehnlich. Und kräftig, er schleppt schwere Kisten, ohne Pausen.

Thimo kratzt sich den Sack. »Macht alles, was du sagst? Würdest du ihn mal verleihen oder hast du ihn exklusiv?«

»Verleihen, nein. Aber mit Kumpels teilen würde ich ihn schon. Sollen wir euch mal besuchen?«

Thimo sieht zu mir, ich lecke mir die Lippen. »Heute Abend um acht?«

»Gebongt, wir kommen. Freust du dich, Conny?«

»Ja, Georg.«

Ein stressiger Tag, aber die Kasse klingelt. Wir räumen grob auf, warten auf unseren Besuch. Bin gespannt, ob Conny noch was anderes sagen kann als »Ja, Georg«.

Die beiden trudeln ein, Georg in zivil mit Jeans, Conny in der Latzhose ihrer Firma. Ich frage erst mal, wie er eigentlich richtig heißt. »Konrad?«

»Schlimmer. Cornelius. Was auch immer sich meine Eltern dabei gedacht haben.«

Wir stoßen an, Conny beteiligt sich ganz normal an der Unterhaltung. »Ich bin nur morgens um sechs nicht zum Reden aufgelegt. Entschuldigt, wenn ich da wortkarg war.«

»Aber den Mund kriegt er immer auf«, sagt Georg, und es ist klar, wie das gemeint ist.

»Und du lässt dir einen blasen, wenn ihr unterwegs seid?«

»Nicht nur blasen. Conny, zeig doch mal deine Hose!«

Der steht auf, fummelt hinter seinem Rücken am Arsch rum, bückt sich und reckt uns seinen Hintern entgegen. Da ist jetzt ein Spalt offen, ein Teil der Kimme und das Loch liegen frei.

»Praktisch, oder? So kann Georg schneller dran, wenn er mal will. War meine Idee.«

»Ein pfiffiges Kerlchen, was? Wenn ich seinen Arsch sehe, werde ich immer geil. Aber jetzt dürft ihr erst.« Georg hockt sich breitbeinig hin, packt sein Gemächt aus, deutet darauf. »Conny, komm, blasen!«

Der stellt sich vor Georg auf, geht mit dem Oberkörper

runter und steckt sich die Latte ins Maul. Sein Hinterteil reckt er in die Höhe, Hose an, aber das Loch ist zugänglich. Thimo ist näher dran als ich, drückt sich schon dagegen, reibt sich an Connys Arsch, packt seinen Pimmel aus, tastet mit dem Finger nach Connys Loch. »Du bist ja schon eingeschmiert«, stellt er fest.

Conny lässt kurz von Georg ab. »Ich weiß ja nie, wann er mich ficken will. Da bin ich immer vorbereitet.« Er zieht sich wieder Georgs Rohr rein.

Thimo ist hart geworden, er setzt an, bohrt sich in Connys Hintern, fasst ihn bei den Hüften und fängt an zu rammeln. »Geiles Loch!«, stammelt er. »Kannst du ihn öfter zu uns schicken?«

»Nee, wenn ich nicht dabei bin, darf er nicht, sonst kriegt er den Arsch voll. Das weiß er auch. Aber heute könnt ihr mit ihm machen, was ihr wollt. Er verträgt was. Nicht wahr, Conny?«

»Ja, Georg.«

Thimo nimmt das als Einladung, noch fester zuzustoßen. Ich weiß, bei der Geschwindigkeit wird er bald kommen. So ist es auch, er röhrt los, seine Bein- und Arschmuskeln verkrampfen, der Oberkörper geht nach hinten, als er seine Sahne loswird.

»Das war aber ein kurzes Vergnügen.« Kommentar von Conny. »Der Nächste bitte.«

Eine Sau. Eine richtige Sau. Dem werde ich es besorgen, ausgiebig. Ich ziehe Hose und Unterhose aus und stopfe ihn. Mein Schwanz verrührt Thimos Sperma in seinem Darm. Wenn das wirklich Sahne wäre, würde da jetzt Butter draus. Georg sieht mir in die Augen. »Gib's ihm.

Schwänze kriegt der nie genug. Füll ihn ab! Ich will auch noch!«

Also gut, ich habe auf jeden Fall schon viel länger durchgehalten als Thimo. Ich lege einen Zahn zu, knalle mich in diesen Arsch, spritze mich in ihm aus. Geiles Loch.

Georg drückt Conny von sich weg, zieht sich die Hosen runter zu den Knöcheln, hockt sich wieder hin, sein Mast ragt kerzengerade nach oben. »Conny, komm. Ausziehen und draufsetzen!«

»Ja, Georg.« Er schlüpft aus Schuhen und Latzhose, drunter hatte er sowieso nichts, und mit dem Rücken zu Georg fädelt er dessen Latte bei sich ein, lehnt sich zurück. Nun sitzen die beiden ineinandergestöpselt breitbeinig da. Schamloser geht es nicht: freier Blick auf vier Eier, eine Latte, die in einem Arschloch stochert, eine andere, die durch die Stöße von unten hin und her geschüttelt wird.

In dieser Stellung läuft unser Sperma aus Connys Loch, über Georgs Sack, tropft auf unser Sofa. Georg hämmert weiter, Thimo wird wieder geil, zieht sich ganz aus, rückt einen Hocker zurecht, steigt drauf und hält Conny seine noch vom Ficken verschmierte Rübe vor die Nase. »Lutsch mich!«, fordert er und Conny beißt an, leckt, und lässt sich beide Löcher stopfen. Wenn ich nicht grade erst gekommen wäre …

Ich gehe mich schnell waschen, und als ich wiederkomme, ficken sie immer noch. Conny hängt an Thimos Pimmel und lässt sich von Georg nageln, jetzt könnte ich wieder mittun, aber sie steuern wohl gerade auf das Ende zu. Ich lange Thimo von hintern durch die Beine, knete seine Klöten, da kommt er, entlädt sich in Connys Fresse. Georg hat sich Connys Schwanz gekrallt, wichst und fickt ihn, die beiden scheinen eingespielt zu sein, fast zugleich landen Connys Erguss auf dem Boden und Georgs in seinem Arsch.

Wir haben uns wieder angezogen, sitzen bei einem zweiten Bier, nur Conny hat verzichtet, weil er zurückfährt. So wie er jetzt mit Georg redet, käme man nicht auf die Idee, dass der sein Meister ist.

Ich kann mir eine Frage nicht verkneifen: »Conny, wie ist das für dich, wenn Georg dich jemandem wie uns anbietet? Wenn du mal nicht willst?«

»Keine Sorge, Georg weiß schon, was ich will. Und ihn macht's an, wenn er zusehen kann, wie mich ein anderer hernimmt. Nur dabei sein will er, sonst wird er böse.«

»Genau, sonst werde ich sauer und du kriegst den Arsch voll. Aber wenn Carsten und Thimo wollen, könnten wir bald mal wieder hierherkommen. Was meinst du, Conny?«

»Ja, Georg.«

Wir sind wieder allein. Thimo sagt, ich solle mir ein Beispiel an Conny nehmen.

»Inwiefern?«

»Du könntest öfter mal ›Ja, Thimo‹ sagen.«

»Nein, Thimo.«

12. Besucher

Am Dienstag nach Ostern kreuzt Kevin wieder auf. Er druckst herum, er habe sich was überlegt.

»Spuck's aus, wir sind keine Hellseher«, sagt Thimo.

»Also, wenn das mit der Strafe vorbei ist, ich meine, ich konnte ja zur Strafe entweder eine Stunde arbeiten oder fünf Hiebe kriegen.«

»Ja, und?«

»Und für die Stunde kriege ich zehn Euro, also, wenn das mit der Strafe vorbei ist, dann könnten Sie mir weiter fünf Hiebe für zehn Euro ...«

Ich denke, ich hör nicht richtig. Weiß der, was er da sagt? Bevor ich explodieren kann, geht Thimo dazwischen, äußerst scharf. »Kevin, komm mit!« Im Schuppen weist er ihn an, sich hinzuhocken. Dann tigert er aufgebracht umher, ein untrügliches Zeichen, wie geladen er ist. Kevin scheint zu dämmern, dass er vielleicht was Falsches gesagt hat, aber was, ist ihm nicht klar.

»Weißt du, was du gerade gesagt hast?« Thimo schreit nicht, aber er ist laut. »Du hast dich angeboten wie eine billige, kleine Nutte!« Beim letzten Wort zuckt Kevin zusammen, will was sagen, aber Thimo lässt ihn nicht zu Wort kommen.

»Willst du das sein, ja? Eine billige Nutte? Weil du denkst, mit Arsch hinhalten kannst du leichter Geld verdienen als mit Hof zusammenkehren? Du hast von uns Geld bekommen für deine Arbeit. Das andere sollte Strafe sein für deinen Versuch, unsere Kasse zu klauen.«

»Ich bin keine Nutte …« Gleich heult er los.

»Dann verhalte dich nicht so! Du kriegst von uns ganz sicher nichts dafür, dass wir dich überlegen. Das machen wir auch nicht mehr. Es ist für dich sowieso keine Bestrafung!«

»Doch, ich …«

»Hör auf! Du findest das geil und hast davon einen Steifen gekriegt! Wahrscheinlich hast du dir immer einen runtergeholt, sobald du allein warst. Denkst du, wir sind blöd?«

Nun schießt ihm das Wasser in die Augen, er wird knallrot, springt auf, rennt zu seinem Rad und fährt davon.

»Ich fasse es nicht«, sage ich. »Ich fasse es einfach nicht. Kann er so blöd sein, dass ihm nicht bewusst war, was er da gesagt hat? Wenn du nicht da gewesen wärst, ich hätte ihm den Arsch verdroschen, aber richtig, ihm fünfzig Euro gegeben und ihn rausgeschmissen.«

»Ich musste auch sehr an mich halten, sonst wäre ich über ihn hergefallen. Es war ihm nicht klar, was er gesagt hat, du hast seine Reaktion gesehen. Er ist total naiv. Ich hoffe, er denkt jetzt darüber nach, was ich ihm an den Kopf geworfen habe. Schade … ich habe angefangen, ihn zu … es ist wohl eine Mischung aus Mögen und Mitleid wegen seiner Familie. Hoffentlich hat er jetzt was gelernt.«

»Was machen wir, wenn er wieder auftaucht?«

»Glaub ich nicht. Er wird sich zu sehr schämen. Ich hätte das nicht sagen sollen mit seinem Steifen, das muss ihm ja megapeinlich sein, aber ich war so aufgebracht, das ist mir rausgerutscht.«

Wir machen uns an die Arbeit, und gegen Abend, wir sind schon beim Zusammenräumen, taucht Kevin doch wieder auf, stottert rum, ob er mit uns reden dürfe.

»Was gibt's?«

»Ich … also ich bin keine Nutte, und …«

»Kevin, natürlich nicht, das wissen wir. Aber wenn wir deinem Vorschlag gefolgt wären, hätten wir dich so behandelt! Verstehst du inzwischen, was du gesagt hast? Und warum wir so reagiert haben?«

»Ja, und ich, also, Entschuldigung, aber ich wollte fragen …« Den Satz kriegt er nicht zu Ende.

»Sag schon.«

»Also, es fehlen noch acht Stunden von der Strafe, und es sind noch drei Tage Ferien, und ich könnte an den drei Tagen die acht Stunden arbeiten, ohne Geld, und dann sind die zwanzig Stunden erledigt.«

»Du weißt, dass du das nicht musst? Und dass wir so und so wegen der Kasse nicht zur Polizei gehen werden?«

»Ja. Mit der Kasse habe ich Mist gebaut, und trotzdem haben Sie mir die Schuhe geschenkt, und lassen mich hier essen, und … die zwanzig Stunden waren fair. Die … die will ich nun auch machen. Bitte.«

Ich nicke Thimo zu. »Gut, das ist okay. Du kannst morgen weitermachen.«

»Ja? Danke!«

»Das hat ihn Überwindung gekostet.«

»Davon kannst du ausgehen. Er hat wohl nachgedacht und im Rahmen seiner Möglichkeiten kann er nichts Besseres anbieten. Freut mich, dass er mit diesem Vorschlag gekommen ist.«

Mich irgendwie auch.

Kevin kommt die nächsten Tage, wir lassen ihn arbeiten, er strengt sich wirklich an. Mittags beim Essen haut er immer rein, egal, was es gibt, und wir hören raus, dass bei ihm zu Hause entweder Fertigpizza oder was aus der Dose auf den Tisch kommen. Das Thema Schule umgeht er nach Möglichkeit, da kommen wir nicht recht an ihn ran. Aber er fragt, ob er in den Pfingstferien wieder bei uns jobben könne.

»Wahrscheinlich ja, schau einfach vorbei. Aber kümmere dich jetzt erst mal um die Schule und sieh zu, dass du eine Lehrstelle kriegst, das ist wichtiger.«

»Ich probier's ja.« Sonderlich überzeugt klingt das nicht.

An seinem letzten Tag geben wir ihm für seine Stunden nochmal je fünf Euro, damit hat er nicht gerechnet und er ist kurz davor, uns um den Hals zu fallen.

Ein Anruf von Georg, ob sie noch mal kommen könnten.

»Conny ist so läufig, ich werde nicht fertig mit ihm. Ich habe wirklich keine Potenzprobleme, aber so oft, wie der will – das schaffe ich nicht.«

Wir verabreden uns gleich für heute Abend.

Die beiden kommen wieder um acht, wir reden erst über die Gärtnerei und wie es auf den Märkten so läuft, dann schlägt Thimo vor, den Gärtnerei-Porno zu gucken. Die beiden springen sofort darauf an, und nach dem Doppelfick sagt Conny: »Geil. Aber zwei zugleich, das schaffe ich nicht. Nacheinander locker.«

Georg schaltet sich ein. »Dann biete doch unseren Gastgebern mal deinen Arsch an! Die werden's dir schon besorgen.«

»Ja, Georg.« Er zieht sich bis auf die Socken aus, deutet auf Thimo. »Hoffentlich kann der heute länger als letztes Mal. Das war ja nix.«

»Der ist aber ganz schön frech, dein Kleiner!«, wendet sich Thimo an Georg. »Darf der das?«

»Darf er nicht. Manchmal vergisst er seine Erziehung und braucht eine Auffrischung. Tu dir keinen Zwang an.«

Thimo zieht Conny am Schwanz zu sich, bellt ihn an: »Überlegen!« Und Conny sagt: »Ja, Thimo«, rückt auf dessen Oberschenkeln zurecht, ein fester, behaarter Arsch bietet sich an, und Thimo legt gleich los, versohlt ihn nach allen Regeln der Kunst. Mit seinen großen Pratzen kann er ordentlich zulangen, bald glüht Connys Arsch, doch er schreit oder zappelt nicht, lässt die Bestrafung über sich ergehen, bis es Thimo zu viel wird. »Auf den Boden!«, befiehlt er. »Hinknien!«

»Ja, Thimo.«

Mir ist klar, es wird noch dauern, bis ich drankomme. Nach Connys Beleidigung wird sich Thimo heute sehr viel

Zeit lassen, und so gucken Georg und ich weiter Porno, während die anderen beiden direkt neben uns ficken. Die ganze dritte Szene hindurch, einschließlich des Wichs- und Blas-Vorgeplänkels, kriegt Conny das Loch gestopft, bis Thimo endlich abschießt. »Lang genug, du Sau?«, knurrt er Conny an.

»Ja, Thimo.«

Nun darf ich. Ich lasse Conny knien, so kann ich ihn ordentlich knallen, ich bin schon so geil, dass es heute bei mir bald kommen wird, da soll wenigstens ordentlich Druck dahinter sein. Und so nagle ich ihn, es klatscht so laut wie vorhin, als Thimo ihn vermöbelt hat, ich ficke mich zum Orgasmus, spritze schreiend in ihm ab.

Ich nehme an, nun will Georg noch und sehe ihn fragend an, doch der winkt ab. »Ich hab ihn heute schon dreimal durchgezogen, ich kann nicht mehr. Du darfst dir einen runterholen, Conny.«

»Ja, Georg.«

Ich lasse meinen Pimmel in Connys Arsch stecken, grabsche mir vom Tisch ein Tempo, das ich ihm gebe, und warte, bis er sich einen abgerubbelt hat, ehe ich mich aus dem Loch verabschiede. »Zufrieden, Conny?«

»Ja, Carsten.«

»Ihr habt's gut hier«, sagt Georg. »Ihr könnt mal laut werden. Wir müssen auf die Nachbarn Rücksicht nehmen. Deshalb ist er immer so ungezogen. Er kriegt zu selten was hinten drauf. Stimmt's, Conny?«

»Ja, Georg.«

»Da können wir euch helfen. Kommt mal alle mit!«, fordert er uns auf, und als er in den Keller geht, weiß ich, was er zeigen will. Unseren, seinen, selbstgebauten Bock. Unsere Besucher sind beeindruckt.

Nun führt uns Thimo auf den Hof. »Und wenn ihr mal hier übernachten wollt, könnt ihr auch.« Er zeigt den beiden den Anbau, in dem die einsame Matratze liegt.

»Das ist für Georg. Und du«, er wendet sich an Conny, »kommst woanders hin. Mitkommen!« Er marschiert los, öffnet die Stalltür, schiebt Conny hinein. »Das hier war mal ein Schweinestall. Du kriegst eine Fuhre Heu oder Stroh, eine Pferdedecke, es gibt hier kaltes Wasser, und die Abflussrinne da kannst du als Klo benutzen. Mehr brauchst du nicht.«

Wieder im Wohnzimmer. »Was meinst du, Conny? Machen wir das mal?«, fragt Georg.

»Ja, Georg. Aber bitte nicht heute. Ich muss mich darauf einstellen.«

»Weiß ich doch. Komm her.« Er zieht ihn zu sich, nimmt ihn in den Arm und Conny kuschelt sich an ihn.

»Ihr versteht es nicht, oder?« Conny redet jetzt mit uns. »Mich machen nun mal andere Sachen an als euch. Ihr seid aber deshalb nichts Besseres. Und ohne jemanden wie mich könntet ihr doch nur zusammen wichsen. Wäre auch für euch nur halb so geil. Mit meiner frechen Bemerkung vorhin habe ich provoziert, was ich wollte. Ihr macht mich beide an, wirklich, aber ich gehöre Georg, auch wenn ihr mich bumst. Denn das dürft ihr nur, weil er es erlaubt hat.«

»Was hältst du von den beiden?«, frage ich, nachdem sie gegangen sind.

»Sie ergänzen sich. Und als sie gekuschelt haben, hatte ich das Gefühl, beide sind glücklich so. Passt doch, oder? Und Conny hat recht. Der Ficker ist nichts Besseres als der Gefickte. Ich fand es übrigens sehr schön, als er gesagt hat: ›Ich gehöre Georg‹. Würde ich auch gerne hören.«

»Thimo, ich bin aber nicht wie Conny!«

»Weil du es nicht sein willst.«

13. Der Anhalter

Ich muss zu einer Baumschule im Rheinland, ein Kunde will diverse exotische Sachen, die in unserer Gegend kaum aufzutreiben sind. Ich habe unseren großen Transporter genommen und bin früh aufgebrochen, es wird ein langer Tag werden.

So nach einer Stunde auf der Autobahn muss ich mal pinkeln und außerdem kriege ich Hunger, schließlich hatte ich noch kein Frühstück. Ich steuere also den nächsten Rastplatz an, gehe aufs Klo und setze mich dann mit meinem Kaffee und ein paar Broten in den Campingstuhl, den ich mir mitgenommen habe. Der Rastplatz hier ist natürlich nicht leer, aber auch nicht wirklich überlaufen.

Kaum sitze ich, kommt ein junger Typ auf mich zu. Vermutlich Student und sicher ein Anhalter. Manchmal nehme ich welche mit, wenn mir nach Unterhaltung ist und sie freundlich sind. Der hier wirkt ganz nett, etwas schmächtig, aber in Ordnung.

»Entschuldigung, könnten Sie mich ein Stück mitnehmen?«

»Wohin soll's denn gehen?«

»Nach Heidelberg, das ist …«

»Ich weiß, wo das ist. Ich komme da vorbei.«

»Oh, das wäre super. Ich warte hier schon ziemlich lang und hab nichts mehr gefunden.«

»Was machst du denn in Heidelberg?«

»Nur ein paar Tage wen besuchen. Eigentlich studiere ich in Augsburg.«

Also gar nicht weit von uns. Ich könnte ihn mitnehmen. Aber diese lange Fahrt müsste ihm eigentlich auch was wert sein.

»Ich nehme dich mit. Ich will aber dafür auch was von dir haben.«

»Ich habe so gut wie kein Geld. 10 Euro vielleicht?«

»Kein Geld. Ich will, dass du mir einen bläst.«

Er starrt mich an. »Was?! Ich bin doch nicht schwul!«

»Es ist mir egal, ob du schwul bist. Hauptsache, du machst dein Maul auf.«

»Nein, das mach ich nicht!«

»Dann nicht. Ich mache jetzt hier noch ein bisschen Pause, dann fahre ich weiter. So lange kannst du's dir noch überlegen.«

Ich beobachte ihn beim Weggehen. Kleiner, knackiger Arsch. Und so wie er auf den Vorschlag mit dem Blasen reagiert hat, war da bestimmt noch keiner drin. Würde mich schon reizen, aber selbst wenn er doch noch mitfährt, wird er mich nicht dranlassen. Und meine Bedingung war ja nur Blasen. Er klappert die anderen Autos auf diesem Rastplatz noch ab, aber anscheinend fährt keiner in seine Richtung oder niemand will ihn mitnehmen.

Ich esse meine Brote und bin halbwegs satt. Dann packe

ich meinen Kram zusammen und verstaue alles wieder im Wagen. Da kommt er wieder. »Also, ich mach's.«

»Du bläst mir einen?«

»Sie haben gesagt, es genügt, wenn ich meinen Mund aufmache.«

»Okay, dann komm.«

Wir verstauen seine Tasche auf der Ladefläche und steigen ein. Kaum fahre ich los, kramt er Ohrstöpsel raus und zieht sich irgendwelche Musik rein. Ich stupse ihn an, er nimmt den Stöpsel aus einem Ohr. »Was ist?«

»Du könntest mir was erzählen. Und wie heißt du eigentlich?«

»Joshua. Und von Unterhaltung als Bedingung für's Mitnehmen war keine Rede.« Ohrstöpsel wieder rein, Blick geradeaus.

Joshua. Welche Eltern geben ihren Kindern denn solch beknackte Vornamen? Und dann will er offensichtlich auch noch zicken. Was soll ich mit einem Beifahrer, der nur stumm dasitzt? Da hätte ich auch allein fahren können, und mir irgendwann selbst einen runterholen. Außerdem muss ich aufpassen, dass er mir nicht abhaut. Wenn wir schon in der Nähe seines Zieles wären, würde er vielleicht »vergessen«, seinen Teil der Abmachung zu erfüllen. Und so billig will ich ihn nicht davonkommen lassen. Also ist er bald dran. Auf der Straße ist nicht sehr viel los, so kann ich mit einer Hand in der Tasche schon mal an meinem Pimmel spielen und ihn leicht anwichsen. Und beim nächsten leeren Parkplatz fahre ich raus. Hier gibt es weiter nichts als ein paar Bänke und so kurz nach der letzten Raststätte ist hier auch niemand.

Joshua nimmt wieder einen Stöpsel raus. »Was ist?«

»Jetzt kommt dein Teil. Komm, wir gehen auf die Ladefläche, da haben wir ein paar Decken und so was«.

Er schaut resigniert. »Muss es wirklich sein?«

»Ja, es muss sein. Oder du steigst hier wieder aus. Da bist du aber ganz sicher morgen immer noch da.«

»Also, bringen wir's hinter uns.«

Wir steigen aus und klettern auf die Ladefläche. Durch die Planen des LKW ist es dämmrig, aber man sieht schon genügend.

»Komm, zieh dich aus«, fordere ich ihn auf.

»Nee, davon war nicht die Rede.« Er hockt sich auf den Boden, lehnt sich mit dem Rücken irgendwo an und macht den Mund auf. »Mehr mach ich nicht.«

Ich habe ja keinen Enthusiasmus erwartet, aber etwas mehr mitmachen könnte er schon. Auch wenn es nicht ausdrücklich abgemacht war.

Ich ziehe Schuhe und Hose aus, die Unterhose runter zu den Knien und stelle mich mit einem Halbsteifen vor ihn. »Komm, lutsch meinen Schwanz.« Keine Reaktion. »Was ist? Du hast gesagt, du bläst mit einen!«

»Falsch. Ich habe gesagt, ich mache den Mund auf. Mehr nicht.«

Das ist vielleicht ein Idiot. Jedes Wort auf die Gold waage. Vielleicht meint er auch, mich durch sein Verhalten so abzutörnen, dass mir die Lust vergeht. Da hat er sich aber geschnitten, jetzt will ich trotzdem. Also wichse ich mich selber, bis meine Latte richtig steht. Dann schiebe ich sie ihm ins Maul. Das lässt er geschehen, aber sonst macht er wirklich nichts. Kein Lutschen, kein Lecken, kein Saugen, einfach nichts. Ich stütze mich mit den Händen hinter ihm ab und ficke ihn in die Fresse. Es geht, aber ohne dass er irgendwas macht, werde ich so nicht zum Spritzen kommen. Also ziehe ich meinen Pimmel wieder raus und wichse selber weiter. Dabei stelle ich mir vor, dass er nicht so teilnahmslos dahockt, sondern mir stattdessen seinen Arsch für einen Fick anbietet. Ein geiler Gedanke, bald merke ich, es kommt gleich. Ich schiebe ihm meinen Schwanz wieder ins Maul, mache noch ein paar Fickstöße und dann lade ich ab und spritze ihm in den Rachen. Als ich mich zurückziehe, will er meine Soße ausspucken. Da halte ich ihm aber den Mund zu. »Runterschlucken! Wenn Du sonst schon nichts gemacht hast. Du hast schließlich gewusst, worauf du dich einlässt!«

Er schaut mich wütend an, aber dass er gegen mich keine Chance hat, muss ihm klar sein. Irgendwann schluckt er. Wahrscheinlich will er die Wichse einfach nicht länger im Mund haben. Ich lasse ihn los. Er stürzt zu seiner Tasche, sucht eine Flasche Wasser raus und spült sich den Mund.

Ich ziehe mir die Unterhose hoch und lege mir ein paar Decken zurecht. Sofort nach einem Abgang will ich nicht weiterfahren. »Ich mache jetzt noch mal kurz Pause. Du kannst ja inzwischen wieder Musik hören.«

Er sagt nichts und hockt nur da. Ich lege mich hin, es ist einigermaßen bequem und ich döse ein. Das passiert mir nach dem Abspritzen öfter. Irgendwann höre ich ein Geräusch und mache die Augen auf, ohne mich zu bewegen. Joshua kramt in meinen Hosentaschen, wo natürlich auch mein Geldbeutel ist. Der will mich beklauen! Aber nicht mit mir. Ich fahre hoch, packe ihn und nehme ihn erstmal in den Schwitzkasten. »Was ist Freundchen? Wolltest du mein Geld, ja? Und dann abhauen? Daraus wird nichts, kapiert?«

Er zappelt mit Armen und Beinen rum, aber so ein Hänfling wie der entkommt mir nicht. »Nein … Loslassen … Ich wollte nur …«

»Spar dir deine Ausreden. Unterhaltung gehört eh nicht zu unserer Abmachung. Dass du mich beklaust, allerdings auch nicht. Und dafür wirst du jetzt zahlen.« Ich klemme mir seinen Kopf zwischen die Schenkel, greife eine von den Schnüren, die hier rumliegen, und binde ihm erst mal die Hände auf den Rücken. Jetzt ist er schon ziemlich wehrlos. Ich werfe ihn bäuchlings auf die Decken, hocke mich auf seinen Rücken und binde eines seiner Beine an einer Verstrebung der Seitenwand fest. Nun kann er zwar noch zappeln, aber weg kommt er nicht. Ich greife ihm unter den Bauch, öffne seinen Gürtel und seinen Reißverschluss und ziehe ihm die Jeans und seine Unterhose über das freie Bein ganz runter. Vielleicht ahnt er, was auf ihn zukommt.

»So mein Lieber, jetzt ist dein Arsch dran. Mir steht nun nämlich auch was zu, was nicht vereinbart war. Und ich will dich ficken!«

»Nein, bitte nicht … ich bin nicht schwul … und ich hab' noch nie …«

»Schnauze! Das denk ich mir schon, dass du noch Jungfrau bist. Aber irgendwann ist jeder Arsch mal dran. Und heute ist es deiner!«

Er fängt an zu schreien. Das muss ich nun nicht haben. Also halte ich ihm die Nase zu, bis er durch den Mund atmen muss. Da stecke ich ihm meinen Slip rein, und damit er ihn nicht ausspuckt, binde ich ihn ihm mit einer Schnur im Nacken fest. »Du kannst dich jetzt an meiner Unterhose aufgeilen oder auch nicht. Und ich werde mich mit deinem Arsch beschäftigen.«

Ich knie mich hinten zwischen seine Beine. Er presst seine Arschbacken zusammen, so fest er nur kann. Wird ihm aber nichts nützen. Aber ich bin ja kein Unmensch, also werde ich in seinem Loch erst mal vorbohren, ehe ich meinen Schwanz reinstecke. Ich nehme Schmierfett und will mit einem Finger anfangen. Es ist kaum möglich, so fest kneift er seine Bäckchen zusammen, aber gegen einen geschmierten Finger kommt er nicht an und irgendwann bin ich drin. Ich schiebe hin und her, drehe und drücke. Ein superenges Loch, das wird ganz sicher eine Erstbesteigung. Mein Schwanz steht volles Rohr. Trotzdem werde ich, wenn er sich weiter so anstellt, da kaum reinkommen.

»Mach deinen Arsch auf. Ich werde dich so und so vögeln, und wenn du dich nicht so zierst, ist es auch für dich angenehmer.« Kopfschütteln. Arschbacken fest zusammen. Ich drücke mit der Linken seine zusammengebundenen Pfoten weg, hole mit der rechten Hand aus und haue ihm richtig fest auf den Hintern. Es muss ordentlich weh tun, meine Hand brennt von dem einen Schlag schon. Er stöhnt, aber sonst kommt nichts. Jetzt ziehe ich ihm bestimmt noch ein Dutzend ordentliche Hiebe über. »Mach Deinen Arsch auf!«

Er schnaubt nur und schüttelt den Kopf. Der Kerl regt mich auf. Ich fummle den Gürtel aus meiner Hose, nehme ihn doppelt und brenne ihm einen über. Der hat gesessen. Er kommt mit dem Oberkörper hoch und schnieft. Arsch immer noch zu. Also kriegt er noch einen übergezogen. Und noch einen. Selber schuld. Und noch einen. Man sieht es hier nicht so richtig, aber sein Hintern muss schon knallrot sein. Endlich gibt er auf und entspannt sich.

»Na also. Die Prügel hättest du dir sparen können. Ich hab doch gesagt, dass ich dich auf jeden Fall ficken werde. Nun wirst du zusätzlich noch drei Tage nicht richtig sitzen können.«

Ich rutsche wieder hinter ihn und betatsche seine Arschbacken. Sie brennen. Dann wichse ich mich wieder hart, schmiere meinen Schwanz ein und setze an seinem Loch an. Er hat Pech, dass sein Erstbesteiger so ein dickes Teil hat. Es ist immer noch mühsam, einfach weil sein Loch so eng ist. Joshua schnaubt heftig. Endlich ist mein Schwanzkopf drin. Er hält die Luft an. »Entspann dich. Das Schwierigste ist geschafft. Ab jetzt wird's ein Spaß!« Für mich zumindest, fraglich, ob er das auch so sieht.

Ich schiebe meine Latte ganz in ihn rein. Sein Arsch ist heiß, innen und außen. Ich muss aufpassen, dass ich nicht zu schnell komme, er soll ja von seiner Entjungferung was haben. Obwohl er das sowieso sicher nie vergessen wird. Also fahre ich erstmal nur langsam vor und zurück und verzichte sogar darauf, mein Rohr zwischendurch ganz rauszuziehen und wieder reinzuschieben, ich will seinem Loch ja nicht zu viel zumuten. Als ich denke, er muss sich an das Teil in ihm gewöhnt haben, werde ich schneller. Ich stütze mich mit den Händen neben seinem Oberkörper auf und stoße voll in ihn rein. Er schnaubt. Ein lautes klatschendes Geräusch, wenn ich auf seine Hinterbacken pralle. Es ist so geil! Fast gut, dass er mich beklauen wollte, denn so bin ich doch noch zu diesem Knackarsch gekommen, der mich, als ich ihn das erste Mal gesehen habe, schon so angemacht hat. Ich rammle weiter. Raus, rein, raus, rein. Ein Stellungswechsel wäre nicht schlecht, aber losbinden will ich ihn jetzt lieber nicht. Also weiter, Schwanz rein, Schwanz raus. Dann merke ich, wie es mir kommt. Ich drücke mich noch einmal fest in ihn, spritze, spritze, spritze in sein Loch und schreie vor Geilheit. Dann lasse ich mich auf ihn fallen und muss erst wieder richtig zu mir kommen.

Nach ein paar Minuten flutscht mein schlaff gewordener Freund aus seinem Loch. Ich wische mich ab und ziehe mich an und schaue raus auf den Parkplatz. Dann gehe ich wieder zu Joshua. »Bevor ich dir meine Unterhose rausnehme, will ich dir noch was sagen. Hier auf dem Parkplatz ist keiner, schreien bringt also nichts. Und für deinen Versuch zu klauen, hast du jetzt gezahlt. Ich würde dich weiter mitnehmen und will auch nichts mehr von dir. Wenn du willst, kannst du natürlich auch hierbleiben. Alles klar?«

Er nickt. Ich löse die Schnur an seinem Nacken und nehme ihm die Unterhose raus. Er atmet tief ein. »Das Ding stinkt ja widerlich!«

»Ohne hättest du aber geschrieen.«

»Wahrscheinlich, ja.«

»Und, was willst du jetzt?«

»Bind mich doch erst mal los.«

»Okay, aber keine Mätzchen, ja! Sonst entfällt mein Angebot für die Weiterfahrt.« Er nickt.

Ich binde ihn los, er will sich aufsetzen, schreit aber auf, als er mit seinem Arsch auf den Boden kommt und fährt gleich ganz hoch. Reibt sich die Hände und die Knöchel. Und da sehe ich auf der Decke einen nassen Fleck. »Bist du vielleicht auch gekommen?«

Er sieht betreten zu Boden. »Ja, aber ich bin nicht schwul. Es ist mir einfach gekommen.«

Er schaut wieder auf. »Ich fahre weiter mit. Aber nur, weil ich muss und sonst hier nicht wegkomme.«

Thimo erzähle ich von dieser Sache besser nichts, er wird mir nur wieder Vorhaltungen machen. Ich könne nicht über jeden herfallen und würde noch Ärger kriegen und so. Dabei finde ich, ich war eigentlich fair. Der Preis fürs Mitnehmen war vorher vereinbart und wer klaut, kriegt eben den Arsch voll. Mein pädagogisches Konzept.

14. Im Saustall

Diese Woche waren Georg und Conny mal wieder da, Waren abholen. Wir haben sie für Samstag zum Essen eingeladen und angeboten, sie könnten hier übernachten. Zum Essen wollen sie kommen, das andere sich überlegen. Wir sind gespannt und bringen schon mal eine Fuhre Heu in den Stall.

Wir dachten, mindestens einer von uns könnte am Nachmittag mit den Vorbereitungen für das Essen beginnen, aber der Vormittag war trüb und regnerisch, erst mittags hat es aufgerissen, die Kunden sind gekommen und wir konnten beide nicht weg. So sind wir noch am Gemüseputzen und Schnibbeln, als die Gäste kommen. Wir erklären kurz und bitten sie, sich noch zumindest eine halbe Stunde selbst zu beschäftigen. »Ihr könnt draußen rumlaufen. Oder Zeitung lesen. Oder einfach nichts tun.«

Georg brummelt was. »Dürfen wir euren Bock im Keller benutzen? Er hat's nötig!«

»Natürlich dürft ihr. Hat er was ausgefressen?«

»Und ob! Conny, sag selbst!«

»Na ja, ich hab Pornos geguckt und dazu gewichst. Das

will Georg nicht, hat er schon öfter gesagt. Und heute ist er früher heimgekommen als geplant und hat mich erwischt. Und nun ist er sauer.«

»Ja, und deshalb wirst du heute schon mal auf jeden Fall im Schweinestall übernachten, das steht fest. Und wenn jetzt noch Zeit ist, ist vorher dein Arsch dran. Komm mit!«

Georg marschiert voraus, Conny hinterher.

Sie schließen zwar die Kellertür, dennoch dringen nach ein paar Minuten Geräusche zu uns. Eindeutig, Conny bekommt den Arsch verhauen, und Georg scheint ordentlich hinzulangen.

»Hoffentlich übertreibt er nicht. So schlimm ist Pornoschauen doch wohl nicht.«

»Georg wird schon wissen, was er macht. Bei mir dürftest du das übrigens. Pornos würde ich dir nicht verbieten.«

»Zu gütig. Thimo, du spinnst!«

»Für so eine Bemerkung könnte ich dich allerdings auf den Bock spannen.«

Ich zeige ihm einen Vogel.

Wir sind soweit fertig, der Tisch ist gedeckt, ich gehe die beiden holen. Es ist jetzt ruhig im Keller, das Klatschen hat schon vor einer Weile aufgehört. Ich klopfe, es kommt sofort ein »Ja« und ich gehe rein. Conny liegt nackt auf dem Rücken am Boden, über ihm kniet Georg und lässt sich den Arsch lecken. Conny versucht, mit den Händen an seinen eigenen Steifen zu kommen, doch Georg lässt ihn nicht. »Pfoten weg! Du wichst jetzt nicht! Leck mich lieber!«

Und zu mir: »Ist das Essen fertig? Wir kommen gleich. Conny, du sollst anständig lecken. Stell dich nicht so dämlich an!«

Ich gehe wieder, erstatte Thimo Bericht, der nickt. »Georg macht das richtig.«

Kurz danach orgiastisches Stöhnen aus dem Keller, Georg muss gekommen sein, bald darauf tauchen die beiden wieder auf, wir fangen an zu essen, und so wie die zwei dabei miteinander umgehen und reden, würde niemand vermuten, was gerade im Keller passiert ist.

Conny fragt, ob wir nicht den Porno vom letzten Mal weiter anschauen wollen.

»Georg, darf er das?«

»Wenn ich dabei bin, darf er. Komme ich wieder in Stimmung. Danach ist sein Arsch dran, draußen im Stall. Das ist dir hoffentlich klar, Conny.«

»Ja, Georg.«

Wir ziehen uns zwei Szenen rein, trinken was, dreckige Kommentare fallen, ein Männerabend. Georg sagt, er hätte für sich einen Schlafsack dabei, fragt nur nach Handtüchern, und ich hole welche. »Die sind aber kratzig.«

»Luftgetrocknet. Wäschetrockner sind Energieverschwendung. Du wirst es überstehen.«

»Muss ich wohl. Habt ihr auch für ihn noch was? Ein paar alte Decken vielleicht. Und ihr macht mit, oder? Wir machen ihn so fertig, dass ich in Zukunft nur ›Schweinestall‹ sagen muss, wenn er mal nicht spurt.«

Thimo organisiert Decken, Georg wirft seinen Schlafsack und Handtücher auf die Matratze in unserem »Gästetrakt«. Wir kommen im Stall alle wieder zusammen und Georg sieht sich gründlich um. Der Raum ist nicht sehr groß, während und nach dem Krieg hat man hier wohl ein paar Tiere zur Selbstversorgung gehalten. Etwa zwei Drittel sind mit einem gut einen Meter hohen Eisengatter mit senkrechten Streben abgetrennt und durch ein etwas niedrigeres, mit Riegeln gesichertes Tor zugänglich. Dort, hinter dem Gitter, haben wir das Heu abgeladen. Es gibt dort noch steinerne Futtertröge und Eisenringe an den Wänden, der Boden hat ein leichtes Gefälle, und an der tiefsten Stelle verläuft entlang der Wand eine Abflussrinne. Im Vorraum ein Kaltwasserhahn, an den wir einen Gartenschlauch angeschlossen haben. Das Ganze erleuchtet von einer alten Neonröhre – gemütlich ist was anderes.

Georg ist sehr angetan. »Habt ihr noch was, mit dem wir ihn nachher an den Ringen festbinden können? Damit er nicht entläuft? Und ich habe für ihn eines eurer Handtücher mitgebracht. Er wird sich heute noch waschen müssen. Verstehst du, Conny?«

»Ja, Georg.«

»Na dann, zieh dich schon mal aus. Schuhe darfst du anbehalten, der Boden ist kalt. Und alles hier drauflegen.« Zwei alte Schemel stehen in dem Vorraum.

Conny pariert, steht bald nackt vor uns, schlaffer Pimmel, geil ist der jetzt nicht. Thimo hat eine Kette mit Fußfesseln geholt, gibt Georg den Schlüssel. »Hier. Dafür bist du zuständig.«

»Gut. Also, Conny, rein da!«
»Ja, Georg.«

Conny geht hinter dem Gitter auf die Knie, vermutlich weiß er schon, was jetzt von ihm erwartet wird. Georg öffnet seinen Reißverschluss, holt Schwanz und Eier raus, stellt sich direkt an das Gitter. Von der anderen Seite kommt Connys Mund, saugt sich fest, er bläst seinen Meister in kürzester Zeit hart. Der winkt uns zu sich. »Stellt euch doch auch her!«

Wir schieben uns Hosen und Unterhosen runter zu den Knien, drücken uns rechts und links von Georg ans Gitter, schon sind Connys Hände an unseren Schwänzen und Georgs Hände an unseren Ärschen. Und Connys Pimmel ist nicht mehr schlaff.

Er bläst und bläst, auf unserer Seite des Gitters wechseln wir die Positionen, jeder kommt mal in die Mitte und darf das Lutschmaul stopfen, während die anderen beiden von Hand bearbeitet werden.

Auch Georg zieht sich die Hose halb runter. Nun kann ich, wenn ich gerade in der Mitte bin, auf beiden Seiten feste Ärsche kneten, während mein Steifer in Connys Maul steckt und andere Hände meine Arschbacken betatschen.

Georg beendet das Ganze. »Bist du eingeschmiert, Conny?«
»Ja, Georg.«
»Dann dreh dich um!«

Nun drückt Conny stehend seinen Arsch gegen das Gitter, er ist noch rot, Georg muss ihn vorher ordentlich vermöbelt haben. »Fick mich, Georg!« Er beugt den Oberkörper nach vorn.

Georg spuckt auf sein enormes Rohr, macht die Beine etwas breit, setzt an und spießt Conny auf – ein Rutsch, und er ist drin. Conny hat nun die Arme nach hinten gestreckt, hält sich an den Eisenstreben des Gitters fest, sonst würde er durch Georgs Stöße nach vorne geschleudert, denn das Gitter wackelt und Georg hat gleich richtig losgelegt. Leider ist durch das herunterhängende Hemd von seinem Arsch nicht viel zu sehen, zwischen den behaarten Oberschenkeln aber zumindest sein Sack – hat auch was. Trotzdem stehen Thimo und ich nun einigermaßen unbeteiligt herum.

Das fällt auch Georg auf. »Ist euch langweilig? Stellt euch mal wieder direkt neben mich. Ja, gut.« Er hat kurz aufgehört zu ficken. »Conny, du hältst dich jetzt an diesen Stangen hier fest, nicht mehr am Gitter. Klar?«

»Ja, Georg.«

Georg bockt wieder und Connys Hand zerrt an meinem Schwanz. Er muss sich festhalten, ist mir schon klar, so wie Georg ihn durchzieht, aber das klappt so nicht. Bei Thimo ist es wohl genauso. »Georg, wenn du ihn so fest rammst, reißt er mir noch was ab. Du musst langsamer machen!«

»Bin eh gleich soweit, Moment …« Er stößt nicht mehr so kräftig, dafür schneller, viel schneller. Connys Griff an meiner Latte ist immer noch fest, aber nun hält er sie und zerrt nicht mehr. Georg kommt, wie ein brünftiger Hirsch röhrt er los.

Als er sein Rohr rauszieht, fordert er uns auf. »Wer will als Nächstes?«

Thimo steht schon bereit, im Nu ist Connys Arschloch wieder gefüllt und bekommt den nächsten Schwanz verpasst. Nun kann er sich mit einer Hand wieder am Gitter festhalten. So muss er an meiner Latte nicht so fest ziehen, selbst wenn Thimo ihn nun kräftig nagelt. Der will sich sicher nicht noch mal anmachen lassen, von wegen er könne nicht lang genug. Aber irgendwann wird es mir zu viel, ich lasse meinen Finger in Thimos Arschritze nach unten wandern bis zum Loch, flüstere ihm ein paar Sauereien ins Ohr. »Komm, spritz ab! Gib's diesem schwanzgeilen Schwein! Der braucht's, komm!«

Zugleiche bohre ich ihm den Finger hinten rein, so kriege ich ihn dazu, dass er sich nicht mehr beherrschen kann und laut stöhnend Conny seinen Saft eintrichtert.

Thimo geht raus. »Der nächste Herr, dasselbe Arschloch!«

Aus Connys Loch tropft es, Sperma läuft die Innenseite seiner Schenkel herunter.

»Geht's noch, Conny?«

»Ja, Carsten.«

Nun kann ich mich austoben, Conny hat wieder beide Hände am Gitter, steckt meine kräftigen Stöße weg, stöhnt, wie schon die ganze Zeit, geil mit. Ich bohre mich in ihn rein. Conny ist kein Bürschchen wie Pablo oder Kevin, Conny ist ein richtiger Mann, und ganz offensichtlich strunzgeil von der Behandlung, die wir ihm verpassen. Nach der Vorarbeit der beiden anderen steht sein Loch natürlich offen, mein Schwanz hat leichtes Spiel, flutscht durch das Gitter rein wie nichts, so tief wie eben möglich, von Georg kommen dreckige Anfeuerungen, es treibt mich zum Höhepunkt, Conny kriegt meine Injektion verpasst.

Conny steht noch mit dem Rücken zum Gitter, eine Hand am Schwanz. »Darf ich wichsen, Georg?«

»Du darfst, aber du weißt, was noch kommt. Also überleg dir, ob du wirklich vorher willst.«

»Ja, Georg.« Er nimmt die Hand weg.

Ich sehe Thimo fragend an, der zuckt mit den Schultern, aber Georg stellt sich wieder vor das Gitter. »Conny, umdrehen, hinknien, Augen zu, Mund auf!«

»Ja, Georg.«

Nun ist klar, was er vorhat, und da lässt er es schon laufen, pisst sich aus, saut Conny ein, der schluckt auch, aber natürlich nicht alles, und so ist er bald klatschnass. Georg ist fertig, packt seinen Schniedel weg. »Das war gut. Im Saustall die Sau fertigmachen. Ihr dürft auch.«

Conny kniet noch da, wartet auf mehr, das kriegt er, nun schiffen Thimo und ich über ihn, sein Schwanz zuckt und zuckt, er muss kurz vor dem Abgang sein, wir richten beide unsere Strahlen direkt auf sein Gemächt, und da explodiert er, es schießt aus ihm heraus, unsere beiden Hosen kriegen was ab, der Rest landet irgendwo.

Georg gibt Conny ein Taschentuch für die Augen, dann will er gehen. »Wir drei trinken jetzt noch ein Bier. Conny, du wäschst dich. Ich komme später noch mal nachsehen und lege dich an die Kette.«

»Ja, Georg.«

Nach dem Bier. Georg hat sich verabschiedet, Thimo und ich sitzen noch zusammen. »Glaubst du, dass das alles Conny wirklich anmacht?«

»Du hast gesehen, was für einen Orgasmus er hatte. Und vorher hat Georg gesagt: ›Du weißt, was noch kommt.‹ Ich denke, es war abgesprochen.«

»Hoffentlich.«

Als ich am nächsten Morgen in den Stall schaue, ist der leer. Kein Conny. Mir ist unwohl, womöglich war es doch zu viel für ihn und er ist abgehauen. Ich will jedenfalls Georg informieren, doch als ich nach einem verschlafenen »Herein« in sein Zimmer trete, liegt er da zusammen mit Conny unter dem Schlafsack, eng umschlungen auf der schmalen Matratze.

»Gibt's schon Frühstück?«

»Nein, ich … ich wollte dir sagen, dass Conny weg ist.«

»Danke, aber wie du siehst, ist er nicht weg. Er hat mir leid getan, und so habe ich ihn nach vielleicht einer Stunde im Stall hier reingelassen. Ich habe ihn doch lieber bei mir. Wir kommen so in einer halben Stunde, okay?«

Wir sitzen beim Frühstück.

»Conny, darf ich dich was fragen?« Er nickt. »Warst du … immer schon so drauf? Und war das für dich wirklich okay, was wir gestern gemacht haben?«

»Ja. Ich wollte immer schon jemand zum Anlehnen. Und es war geil, bis auf das kalte Wasser, das war grausig. Aber ich musste mich ja waschen. Dass mich Georg nach einer

Stunde holt, habe ich nicht gewusst. Da habe ich dann erst mal heiß geduscht.«

»Und dann ist er zu mir unter die Decke geschlüpft. Das war viel schöner, als wenn er da im Stall gelegen wäre.«

Wir sind wieder allein. »Denkst du, Kevin ist so ein Typ wie Conny?«

»Ich weiß nicht. Ich weiß es wirklich nicht. Kann sein. Aber er ist zu jung und hat zu wenig Erfahrungen, um das selbst wissen zu können. Er soll erst mal was ausprobieren. Ich glaube nicht, dass er schon mal mit irgendwem, Junge oder Mädchen, was hatte.«

15. Revanche

Ein paar Tage später gibt mir Thimo einen Zettel mit einer Telefonnummer. »Da hat heute einer angerufen. Wollte seinen Namen nicht sagen und worum es geht. Will aber mit dem reden, der ihn mitgenommen hat nach Heidelberg. Warst du das?«

»Ja, war ich, aber keine Ahnung, was er will.«

»Dann ruf ihn an.« Er schaut zweifelnd.

Ich wähle die Nummer, erkenne Joshua auch gleich an der Stimme, frage, was er will und woher er unsere Nummer hat.

»Die Nummer? Steht auf eurem LKW. Und auch, wo euer Laden ist, ich wohne ziemlich in der Nähe. Ich will dich noch mal sehen.«

»Weshalb?«

»Sag ich dir dann. Kannst du morgen Abend, um sieben? Mit dem gleichen LKW, das ist wichtig. Auf dem Parkplatz...« Er schlägt was vor, nicht weit weg.

»Wieso da? Und willst du mir nicht sagen, worum es geht?«

»Das erfährst du morgen.«

Thimo guckt.

»Ich weiß nicht, was er will. Ich soll morgen Abend zu diesem einen Parkplatz da kommen, mit dem LKW.«

»Er ist einer von denen, denen du ›ansiehst‹, dass sie deinen Schwanz wollen, oder? Vielleicht hat es ihm ja wirklich gefallen und er will dich noch mal. Viel Vergnügen!« Er verschwindet.

Thimo ist sauer, ja, aber bitte, ich frage auch nicht, wen er bumst. Und er könnte sogar recht haben. Ein anderer Grund, als dass Joshua noch mal durchgezogen werden will, fällt mir auch nicht ein.

Am nächsten Abend erwartet mich Joshua mit Fahrrad und einer Sporttasche an dem vereinbarten Parkplatz. Sein knackiger Arsch fällt mir gleich wieder auf.

»Du bist tatsächlich gekommen. Ich war nicht sicher. Ist das der LKW vom letzten Mal?«

»Ja, wieso? Und wozu sollte ich überhaupt hierherkommen?«

»Kannst du dir das nicht vorstellen? Ist es für dich so normal, jemanden zu vergewaltigen, dass du dann nicht mal darüber nachdenkst?«

»Ich … ich …« Scheiße. Der hat mich nicht hierherbestellt, um sich noch mal pudern zu lassen.

»Fällt dir nichts ein? Dann hör dir das mal an!« Er fingert an seinem Smartphone herum, und dann kommt meine Stimme, ab da wo ich sage: »Und ich will dich ficken.« Alles.

»Woher … woher hast du das? Und was willst du?«

»Ich lasse das immer mitlaufen, wenn ich als Anhalter

unterwegs bin. Sicherheitsmaßnahme. Du brauchst mir übrigens nicht das Handy wegzunehmen, selbstverständlich ist es inzwischen gesichert. Und ich bin sicher, jeder Richter wird dich wegen Vergewaltigung in einem besonders schweren Fall einbuchten. Schließlich hast du mich auch gefesselt und verprügelt. Viel Spaß im Knast, die nehmen sich sicher gern schwule Ärsche vor!«

»Was willst du? Mir sagen, dass du mich anzeigen willst? Du wolltest mich beklauen, deshalb war ich so wütend… Ich hätte es nicht tun sollen. Entschuldigung.«

»Mit ›Entschuldigung‹ kommst du mir nicht davon. Ich will es andersrum machen. Entweder du lässt dich jetzt von mir hernehmen, oder ich gehe zur Polizei. Alles klar?«

»Du willst mich …?«

»Ja. Verhauen, ficken, alles.«

Scheiße, scheiße, scheiße. Thimo hatte natürlich recht, irgendwann musste es so kommen. Der hat mich in der Hand. Was bleibt mir anderes übrig?

Wir gehen auf die Ladefläche, gedämpftes Licht kommt durch die Planen.

Joshua übernimmt das Kommando. Er ist nicht der Typ dafür, aber ich muss mich darauf einlassen. »Zieh dich aus!«, ist sein erster Befehl.

»Das hast du aber nicht!«

»Trotzdem … ich will dich ganz nackt haben!«

Ich lege alles ab, er bleibt angezogen, knetet nur mit einer Hand in der Hosentasche sein bestes Stück.

»Setz dich da hin und dann blas mir einen!« Er stellt sich vor mich, öffnet seinen Hosenschlitz und versucht, seinen

Steifen rauszukriegen. Er ist schon voll ausgefahren, nicht sehr dick, aber ordentlich lang. Ich nehme ihn an beiden Arschbacken und ziehe ihn zu mir, lasse seine Eichel zwischen meine Lippen gleiten, sauge mir das ganze lange Teil rein. Er staunt, dass das geht. »Ich müsste würgen.«

Ich lutsche weiter, bis er mich unterbricht. »Nicht so schnell. Ich habe noch mehr mit dir vor. Leg dich hin, auf den Bauch.«

Ich richte einige Decken zurecht und tue, was er will.

Er stellt sich hinter mich. »Geil. Warte, ich schieb dir noch ein Kissen drunter, damit dein Arsch hochsteht.«

Er fummelt unter mir rum, packt auch meinen Schwanz, aber der ist noch schlaff. Zu ungewohnt, die Situation.

»Wo hast du Schnüre? Ich will dich fesseln.«

»Muss das sein? Ich wehre mich nicht.«

»Trotzdem. Du bist mir schließlich körperlich überlegen.«

Ich deute in eine Ecke des Wagens und er fesselt mich wie ich ihn. Hände auf dem Rücken und ein Bein mit sehr vielen Knoten an eine Strebe der Seitenwand. Ein Scheißgefühl, so ausgeliefert zu sein.

»So, jetzt noch das.« Er holt etwas aus einer Plastiktüte in seiner Sporttasche. »Hier ist eine Unterhose von mir, da habe ich reingewichst und gepisst. Ist noch feucht. Wenn du den Mund freiwillig aufmachst, muss ich dir nicht die Nase zuhalten. Also?«

Er will es offensichtlich so realistisch wie möglich nachspielen, nur eben mit umgekehrten Rollen. Ich öffne den Mund. Das Ding ist nicht nur feucht, sondern nass. Seine Pisse muss ziemlich frisch sein.

Er kniet vor mir, schaut mir in die Augen. »Siehst du? So warst du auch vor mir. Und ich habe nicht gewusst, was auf mich zukommt. Du schon. Solang du die Unterhose drin lässt, binde ich sie dir nicht fest. Und jetzt widme ich mich deinem Arsch. Ob du ihn zusammenkneifst oder nicht, ist mir egal.«

Er rutscht ein Stück, ist jetzt neben meinem Arsch. »Hast du Muffensausen? Weil du nackig und wehrlos bist? Weil du weißt, dass du den Arsch vollkriegst und gefickt wirst? So ist es mir gegangen.«

Er holt aus und klatscht mir mit voller Wucht auf die rechte Arschbacke. Und gleich noch mal auf die linke. So viel Kraft habe ich ihm nicht zugetraut. Es zieht heftig, und er schlägt schon wieder zu, immer abwechselnd rechts und links. Ich versuche, den Kopf so zu drehen, dass ich ihn sehe. Er hat Lederhandschuhe angezogen, deshalb tut ihm die Hand nicht so weh. Ein Schlag rechts, einer links. Mein Arsch brennt, ich beiße die Zähne zusammen, in die versiffte Unterhose hinein.

»Jetzt kommt noch der Gürtel, das hast du auch gemacht!«

Oh nein, er vergisst auch nichts. Und er hat gewusst, warum er mich fesselt, sonst hätte ich jetzt die Aktion vielleicht abgebrochen. Mein Hintern muss knallrot sein und ich kann mich nachher nicht irgendwo auf den Bauch legen, ich muss zurückfahren. Keine Ahnung, wie das gehen soll.

Zack, kassiere ich den ersten Hieb. Er zieht über beide Backen. Ohne die Unterhose würde ich schreien. Der nächste. Ich spanne die Muskeln an, obwohl ich weiß, dass das nichts bringt. Wieder ein Schlag. Und noch einer. So fest habe ich sicher nicht zugeschlagen.

»So, vier Gürtelhiebe, genau wie bei mir. Bist du geil geworden?« Er fasst mir zwischen die Beine an den Schwanz, aber da ist nichts. Ich spüre nur den brennenden Arsch.

»Jetzt ficke ich dich. Wo hast du das Fett?«

Ich deute mit dem Kopf in eine Ecke, er holt es und rutscht hinten zwischen meine Beine. »Das ist das erste Mal, dass ich einen Mann bumse. Seit ich dich gestern angerufen habe, denke ich kaum noch an was anderes.«

Ich merke, wie er mit einem gefetteten Finger in meiner Arschritze auf und ab fährt. Am Loch hält er inne und bohrt ihn rein. »Ist heiß in deinem Arsch!«

Ich spucke die Unterhose aus. »Kein Wunder, so wie du zugeschlagen hast!«

»Hattest du auch, also ist es nur gerecht.«

Er zieht den Finger wieder raus, schmiert sich wohl sein Rohr ein, beugt sich über mich. Ich fühle seine Kuppe in meiner Spalte, aber er ist nervös und setzt zu hoch an.

»Tiefer, du musst weiter runter.«

Er versucht es und drückt, aber es kann noch nicht klappen. »Weiter runter.«

Mit einer Hand versucht er, seinen Schwanz richtig hinzubekommen. Endlich ist es geschafft und er in mir drin. Langsam schiebt er seine ganze Länge rein und lässt sich auf mich fallen. Ich ziehe scharf die Luft ein.

»Tue ich dir weh?«

»Nicht im, sondern auf dem Arsch.«

»Das ging mir genauso.«

Er fängt an, mich zu bumsen, rammt mich allerdings nicht mit voller Wucht. »Bevor ich los bin zu unserem Treffpunkt, habe ich mir extra noch einen runtergeholt, damit ich jetzt länger kann. Du sollst was von mir haben.«

Er hat sich unter Kontrolle, fickt langsam, macht Pausen. Die Reizung im Arschloch wird allmählich stärker als das Brennen meines Hinterns, aber spitz werde ich nicht.

Er bumst nun fester und schneller, es brennt, wenn seine Lenden an meinen Hintern klatschen, zugleich ist es doch irgendwie geil. Er hat mich an den Schultern gepackt und zieht mich zu sich. Stößt sich rein, fest, noch fester.

»Gleich kommt's! Ich spritz dir in den Arsch! Uuuaahh aah!«

Ich fühle, wie es in meinem Loch zuckt und er mich vollpumpt mit seinem Sperma. Und ich liege unter ihm, mit gefesselten Händen …

Er verschnauft, dann geht er von mir runter. Zieht sich an, nimmt seine Sporttasche.

»Heh! Mach mich los! Du hattest deine Revanche!«

»Findest du? Ich mache dir jetzt die Hände los, aber mit der Schnur an deinem Bein wirst du eine Weile beschäftigt sein, damit du mich nicht verfolgen kannst, ich traue dir nicht. Klar?«

Ich nicke. Was bleibt mir anderes übrig?

Beim Anziehen merke ich, wie die Hose um meinen Allerwertesten spannt. Er muss ziemlich geschwollen sein. Die Heimfahrt wird trotz Kissen unter dem Hintern sehr schmerzhaft.

Thimo hockt in unserer Küche. »Na, wie war's? Spaß gehabt?« Ein sarkastischer Unterton ist nicht zu überhören.

Ich sage gar nichts und lasse mich nur völlig gedankenlos auf einen Stuhl fallen. Das hätte ich nicht tun sollen, mit einem Schmerzensschrei fahre ich gleich wieder hoch, halte mir den Hintern.

»Carsten, was ist los?« Der Sarkasmus ist weg, nun ist er besorgt.

»Nichts.«

»Unsinn, du hast doch was. Was ist passiert? Was wollte der Typ? Und was ist mit deinen Handgelenken? Die sind ganz rot.« Ich werde mich nicht verstecken können.

»An mir ist noch ganz was anderes rot.« Ich gehe zum Spiegel im Flur, entblöße mein Hinterteil, sehe die roten Striemen … Thimo sieht sie natürlich auch.

»Carsten, du legst dich jetzt hin und ich schmiere dich ein. Und dann sagst du mir, was los ist! Wolltest du verhauen werden? Von einem Fremden? Ist es das?«

»Nein, das ist es nicht. Ich wollte das nicht. Ich musste.«

Ich liege auf der Couch, Thimo verteilt ein Kühlgel auf meinem Hintern und ich erzähle die ganze Geschichte, beschönige tatsächlich nichts, ich weiß, dass ich Mist gebaut habe. Wenn ich auf Mitleid gehofft habe, habe ich mich allerdings geschnitten.

»Geschieht dir recht! Wieso kannst du dich auch nicht beherrschen? Ich hab dir gesagt, dass du noch mal an den Falschen geraten wirst! Und der Kerl hat ganz recht. Wenn er zur Polizei geht, wirst du sicher im Knast landen. Die Jungs dort würden sich freuen, kriegen sie einen schwulen

Arsch zum Ficken. Schon mal nachgedacht, was das für unsere Gärtnerei hier bedeuten würde?« Er redet sich in Rage, schreit jetzt. »Aber der Herr lebt ja schwanzgesteuert, da ist dann kein Blut mehr im Hirn! Ich hätte dir deine Unbeherrschtheit schon längst herausprügeln sollen!«

Abgang mit gewaltigem Türknallen.

Scheiße, scheiße, scheiße!

16. Albträume

Ich bin in einem halbdunklen Raum, liege bäuchlings auf einem Tisch, um mich herum mehrere Uniformierte, dazu einer im weißen Kittel. Er zieht sich einen Gummihandschuh über, greift in einen Cremetopf, sagt »Haltet ihm den Arsch auf!« zu irgendwem. Ich kann mich weder bewegen noch schreien, da sind Hände an meinen Hinterbacken, ziehen sie auseinander, zwei, drei schmierige Finger bohren sich in mein Loch. Höhnisches Lachen: »Das wird den Jungs gefallen. Bringt ihn weg.«

Vier von den Uniformierten tragen mich an Armen und Beinen durch einen dunklen Gang, um mehrere Ecken, ich verliere die Orientierung, sie bleiben vor einer vergitterten Tür stehen, einer öffnet sie, dann werfen sie mich dort auf einen Tisch in der Mitte des Raums.

Die Kerle, die mich getragen haben sind weg, in dem Raum sind vier Stockbetten, und um mich herum stehen sieben Macker in grauen Sträflingsklamotten, alle wichsen ihre monströsen Latten. Ich weiß, was sie wollen, alle werden mich ficken, ich will schreien und kann nicht, der erste tritt hinter mich, eine riesige Fleischwurst drängt in mein Loch, eine andere in mein Maul, ich verschlucke mich daran, kriege einen Hustenanfall, da ist der Schwanz in meinem Mund plötzlich weg, ich kann mich wieder bewegen, alle um mich herum sind weg …

Ich taste nach der Lampe neben meinem Bett, aber da ist nichts, ich fasse ins Leere, wo bin ich eigentlich …

Es dauert, bis ich wieder einen klaren Gedanken fassen kann. Ich liege immer noch auf der Couch, es ist drei Uhr früh, jemand muss das Licht ausgemacht haben. Außerdem liegt eine weiche Decke auf mir, das kann nur Thimo gewesen sein. Der ganze gestrige Abend kommt wieder hoch, Thimo hat natürlich recht, allein könnte er die Gärtnerei nicht halten, wenn ich … was habe ich bloß gemacht?

Irgendwann erlöst mich ein traumloser Schlaf.

Von der Dämmerung werde ich wach, bald danach kommt Thimo. »Morgen.«

»Morgen. Und danke.« Ich deute auf die Decke.

Schulterzucken. »Bitte. Übrigens, ich würde alles, was ich dir gestern an den Kopf geworfen habe, heute genau so wieder sagen. Alles, klar! Wenn dein Arsch nicht schon so rot wäre, ich würde dich windelweich prügeln ob deiner Blödheit! Jetzt kannst du nur warten, ob es dem nicht doch noch einfällt, zur Polizei zu gehen. Die Verjährungsfristen bei so was dürften ziemlich lang sein. Und solange schwebt da was über dir. Und über mir auch! Und jetzt steh auf, ein roter Arsch ist kein Grund, nicht zu arbeiten. Du machst heute und morgen die Gräber, Sommerbepflanzung.«

Er wird heute nicht laut, eiskalt lässt er mich seine Wut spüren.

Und dass er der Chef sein will.

Schweigend frühstücken wir, ich bleibe dabei stehen.

Wir kümmern uns auf mehreren Friedhöfen der Umgebung um die Dauerpflege für viele Gräber. Wenn nötig, gießen, und dreimal jährlich neu bepflanzen. Eine verlässliche Einnahmequelle. Nun sind die Eisheiligen vorbei, es wird keinen Frost mehr geben. Zeit für die Sommerblumen.

Es ist eine mühsame Arbeit und, weil mit viel Bücken, Hinknien, Aufstehen verbunden, auch äußerst schmerzhaft. Und monoton, es braucht keine große Konzentration, das ist auch gut, ich denke sowieso an was anderes. Was, wenn Joshua doch noch zur Polizei geht?

Am Abend ist Thimo nicht da, hat auch keine Nachricht hinterlassen, und ich traue mich nicht, ihn anzurufen. Gegen eins höre ich, wie er heimkommt.

Eisiges Schweigen am nächsten Tag, ich mache mit den Friedhöfen weiter. Am Abend wieder kein Thimo. Dafür ein Anruf.

»Hallo, hier Joshua. Ich erwarte dich morgen um die gleiche Zeit wieder auf dem Parkplatz.«

»Was willst du?«

»Das Gleiche wie vorgestern. Du solltest kommen, du weißt warum. Und bring ein bisschen Geld mit.« Aufgelegt.

Ich bin völlig fertig. So kann es nicht weitergehen, das halte ich nicht aus. Ich kann nicht ständig Angst haben, wenn das Telefon klingelt. Lieber stelle ich mich selbst. Ich muss mit Thimo reden, er muss mir zumindest zuhören.

Ich bleibe in der Küche, entschlossen, auf ihn zu warten, egal wie spät es wird.

Es ist halb zwei, als er auftaucht.

»Wolltest du kontrollieren, wann ich heimkomme?«

»Nein. Thimo, ich muss mit dir reden.«

»Ich bin müde.«

»Trotzdem, bitte, ich weiß, du hast recht mit allem, was du gesagt hast. Aber ich halte das nicht aus. Deine Verachtung. Und …«

»Wut.«

»Was?«

»Keine Verachtung. Wut. Ich habe eine Stinkwut auf dich! Wir wollen uns hier zusammen was aufbauen. Zusammen, ja! Das setzt du alles aufs Spiel!«

»Thimo, ich weiß es, und … Joshua hat wieder angerufen.«

»Was will er?«

»Er will morgen mit mir wieder das Gleiche machen wie vorgestern.«

»Was?«

»Genau so hat er es gesagt. Außerdem soll ich Geld mitbringen. Und ich wüsste schon, warum ich besser kommen sollte. Ich kann das nicht! Lieber zeige ich mich selbst an. Das gibt vielleicht mildernde Umstände.«

»Vielleicht. Aber das machst du trotzdem nicht.«

»Sondern?«

Er tigert in der Küche umher. »Warte ... wenn dieser Typ dich angezeigt hätte, das wäre völlig in Ordnung gewesen. Er hatte jedes Recht dazu. Dass er sich stattdessen revanchiert hat – auch in Ordnung. Das durfte er, du hattest es so verdient. Aber dass er das jetzt weiter so treiben will und auch noch Geld verlangt, das geht nicht. Das ist eine verdammte Sauerei. Deshalb werde ich dir helfen.«

»Wie denn? Der hat mich in der Hand.«

»Wie, weiß ich noch nicht. Reden wir morgen ... heute. Ich bin wirklich müde. Gute Nacht.« Er verschwindet in sein Schlafzimmer.

Keine Ahnung, wie er mir helfen will. Aber zumindest redet er wieder mit mir.

Als ich aufwache, höre ich Thimo schon draußen arbeiten. Ich mache mich schnell fertig, gehe zu ihm. »Morgen, Thimo.«

»Morgen. Wie geht's dir? Hältst du's noch mal aus?«

»Was?«

»Das mit diesem Joshua. Wir müssen was gegen ihn in die Hand kriegen. Damit er weiß, wenn er dich anzeigt, ist er selbst auch dran. Dann kann er dich nicht mehr erpressen.«

»Wie soll das gehen?«

»Du musst dich heute noch mal mit ihm treffen. Gib ihm hundert Euro. Lass ihn machen, was er will. Und sag, oder noch besser schrei, möglichst oft ›Nein‹ und ›Nicht‹ und Ähnliches. Ich werde das aufnehmen. Ich verstecke mich vorher in der Nähe, da ist doch so eine alte Scheune. Und wir präparieren den LKW so, dass in einer der Planen ein kleines Loch ist, damit ich von außen was sehe. Dann haben wir ihn. Entweder wegen Erpressung oder Vergewaltigung. Oder du kannst zumindest sagen, es war alles so zwischen euch abgesprochen. Das jeweilige ›Opfer‹ sollte sich nur pro forma sträuben. Einvernehmliche Sexspiele. Ich weiß, was ich da von dir verlange, aber was anderes fällt mir nicht ein. Könntest du das? Noch einmal, für die Sicherheit, dass danach Schluss ist.«

»Ich soll ihn noch mal …?«

»Außer du weißt was Besseres.«

Mir fällt nichts Besseres ein. Wir arbeiten den ganzen Tag in einem unserer Gewächshäuser, am frühen Abend sagt Thimo, er würde jetzt den LKW vorbereiten.

»Carsten, du schaffst das. Mach's für uns. Und wenn es gar nicht mehr geht, ruf nach mir. Dann gehe ich sofort dazwischen. Vielleicht ist es leichter, wenn du weißt, dass ich da bin.«

Ich nicke nur.

Thimo fährt mit dem Fahrrad los. Er will lang vor dem vereinbarten Termin bei der Scheune sein, um sich da verstecken zu können.

Als ich zum Parkplatz komme, wartet Joshua schon, dirigiert mich in den Laderaum, und alles läuft so ähnlich ab wie beim letzten Mal.

Irgendwie halte ich das ganze Programm durch, gebe ihm die Kohle, blase ihn, lasse mir eine triefende Unterhose in den Mund stecken, fesseln, wehre mich nur verbal.

Ehe er mir den Arsch verhaut, stellt er fest, dass da noch Striemen vom letzten Mal zu sehen sind. »Geil, da kommen jetzt noch ein paar dazu.« Und er holt aus … noch fester.

Schließlich kündigt er an, mich wieder zu ficken. Thimo hat gesagt, wenn irgend möglich, soll ich ihn machen lassen. Damit wir ihm eine vollzogene Vergewaltigung nachweisen können. Also zapple ich rum, rufe »Nicht« und »Aufhören« und Ähnliches, aber er lacht nur, und da steckt sein Rohr in mir, fickt mich. Ich versuche, mich irgendwo hinzudenken, ganz weit weg – da ist auf einmal eine donnernde Stimme: »Schluss jetzt!« Und da ist Thimo, fesselt den auf dem Boden liegenden Joshua, der nicht weiß, wie ihm geschehen ist.

Thimo nimmt mir die Fesseln ab, hilft mir auf die Beine, legt mir eine Decke um, nimmt mich in den Arm. »Gleich hast du's geschafft. Den sind wir bald los.«

Dann ist Joshua dran. Thimo brüllt ihn an: »Du weißt, dass wir jetzt einen Beweis haben, dass du ihn vergewaltigt hast, ja? Also überleg dir, ob zur Polizei gehst. Die Knackis würden sich nämlich auch über deinen Arsch freuen!«

Er nimmt die hundert Euro wieder aus Joshuas Tasche und schmeißt dann alle seine Sachen auf den Parkplatz, löst seine Fesseln und brüllt ihn an: »Raus hier!«

Der hat wohl befürchtet, ihm stünde Schlimmeres bevor und ist sofort verschwunden. Wir beobachten noch, wie er sich anzieht, auf sein Rad schwingt, ein Rücklicht verschwindet.

Erst jetzt fällt die ganze Anspannung von mir ab und ich liege heulend in Thimos Armen, der versucht, mich zu trösten. »Es ist vorbei. Du brauchst keine Angst mehr zu haben. Es wird nichts passieren.«

Es dauert, bis ich mich halbwegs gefangen habe, dann holt Thimo sein Rad aus dem Versteck, lädt es auf den Wagen. Ich ziehe mich vorsichtig an und wir fahren heim.

Ich liege auf der Couch, Thimo hat mich eingecremt, uns was zu essen gemacht, mir Baldriantee gegeben, aber ich bin immer noch von der Rolle, als er mich ins Bett bringt. »Schlaf! Der wird nie mehr anrufen. Gute Nacht.«

Ich liege wieder auf diesem Tisch in der Zelle mit den Stockbetten. Ich weiß, ich war hier schon mal und wie furchtbar es war. Diesmal stehen Häftlinge und Wärter um mich herum, alle haben die Hosen offen und wichsen sich selbst, sie halten mich fest, ich will weg, und ich schreie, schreie, sie lachen, und da ist eine Hand auf meiner Schulter, schüttelt mich: »Carsten, wach auf! Carsten! Was ist los? Wach auf, ich bin's!« Und endlich komme ich zu mir, es war wieder nur ein Traum, aber wieso ist Thimo hier, und wie spät ist es eigentlich, und …

»Carsten, du hast so laut geschrien, dass ich es in meinem Zimmer gehört habe. Was hast du geträumt?«

Ich erzähle und er versucht, mich zu beruhigen. »Nur ein Traum. Es wird nichts passieren. Du musst keine Angst haben. Und jetzt rück ein Stück. Ich bleibe heute Nacht hier und passe auf dich auf. Du kannst ruhig schlafen.«

17. Ein Bett

Als ich aufwache, schläft Thimo noch neben mir, er liegt auf dem Rücken, leises Schnarchen, was täte ich ohne ihn … Nie mehr, ich werde mich nie mehr so vergessen. Und ich hoffe, er kann mir glauben.

Er wird wach, sieht, dass ich ihn beobachte. »Morgen. Hast du geschlafen?«

Ich robbe zu ihm, küsse ihn auf den Mund. »Ja. Danke, Thimo, für alles!«

»Schon gut. Du hast für deine Dummheit genug gebüßt. Wir vergessen das.«

»Danke. Du hast jede Menge gut bei mir. Was du willst.«

Er dreht sich zu mir. »Ich will was, ja. Ein gemeinsames Schlafzimmer. Wenn du auch willst.«

Ich spüre, wie sein Ständer gegen meine Hüfte drückt, und taste danach. »Thimo, du darfst mal, aber nicht die nächsten Tage, es geht einfach nicht.«

»Weiß ich doch. Wie ist es mit dem Schlafzimmer?« Gespannter Blick.

»Ja!«

»Weil du willst oder weil du dich jetzt grade verpflichtet fühlst?«

»Weil ich will und es schön ist, wenn du da bist. So wie jetzt. Die beiden Abende, als du so spät gekommen bist… ich will nicht wissen, wo du warst… ich habe mir Sorgen gemacht.«

»Schon gut, ich bin ja da. Ab jetzt werde ich aufpassen, dass du keine Dummheiten mehr machst. Das muss dir klar sein.«

»Ich bin kurz davor, eine zu machen.« Ich rutsche ein Stück tiefer und sauge mich an seinem Schwanz fest, der die ganze Zeit in meiner Hand gepocht hat, knochenhart. Thimo schlägt die Decke zurück, dreht sich wieder auf den Rücken, ich habe eine Hand an seinem Sack, die andere auf seiner Brust, seine Nippel sind stocksteif, seine Eichel in meinem Mund pulsiert. Er drückt meinen Kopf an sich und da schießt es aus ihm heraus, mein Gott, er muss tagelang nicht abgespritzt haben, es hört überhaupt nicht mehr auf, mein ganzer Mund füllt sich mit seinem Sperma, ehe er meinen Kopf wieder freigibt. Er beobachtet mich, als ich schlucke, schlucke, schlucke.

»Das hast du schon lang, ganz lang, nicht mehr gemacht. War schön.« Er zieht mich zu sich, ich liege auf ihm, er drückt mich.

»Thimo, ich… danke!«

»Mach so was bloß nicht noch mal! Als ich ansehen musste, wie der dich hergenommen hat… ich habe es kaum ausgehalten… und als er dich gebumst hat… da konnte ich nicht mehr… ich kann verstehen, dass man sich vergessen kann, ich war auch kurz davor, aber ab jetzt gehört dein Arsch nur noch mir. Nur mir! Klar?«

»Versprochen! Glaub mir! Ich reiße mich zusammen.«

Wir kommen kaum voneinander los, aber die Arbeit wartet, der Hunger kommt, zwangsweise stehen wir auf, fahren zu einem Kunden, der seinen Garten umgestalten lassen will, nehmen Maße, werden einige Vorschläge für ihn ausarbeiten. Vermutlich wundert sich der Kunde, dass ich den angebotenen Platz nicht annehme und stehen bleibe, aber richtig sitzen geht noch nicht.

Als wir wieder zu Hause sind, taucht unerwartet Robert auf, obwohl wir gesagt haben, wir melden uns bei ihm, wenn wir seinen Arsch wollen. Thimo reagiert entsprechend ungehalten.

»Nein, entschuldigt, ich bin heute wegen etwas anderem hier.«

»Nämlich?«

»Ihr seid doch beide Gärtnermeister, oder? Also könnt ihr ausbilden.«

»Theoretisch ja, aber warum fragst du?«

»Wir versuchen, diejenigen unserer Schüler zu unterstützen, die jetzt noch keine Lehrstelle haben. Kevin ist einer unserer Problemfälle. Er ist kein schlechter Kerl, obwohl er schon mal mit der Polizei Bekanntschaft gemacht hat. Aber seine Noten, na ja. Bei der familiären Situation auch kein Wunder. Er wird bei einem der Großbetriebe hier keine Chance haben. Die nehmen Leute mit Mittlerer Reife oder bestenfalls sehr gute Hauptschüler, da kann er nicht mithalten. Ihr kennt ihn. Vielleicht habt ihr die Möglichkeit… es gibt auch Hilfen von der Handwerkskammer und der Arbeitsagentur, ich kann euch da diverse Adressen vermittelten.

Bitte überlegt es euch. Er bräuchte neben der Berufsschule wahrscheinlich auch Nachhilfe in Mathematik und Deutsch. Die Mutter zeigt leider überhaupt kein Interesse. Und er ist eben sechzehn und hat alles Mögliche im Kopf, nur nicht Schule.«

»Das mit der Polizei wissen wir. Aber … hat er Probleme mit Drogen?«

»Meines Wissens nein. Vielleicht nur, weil er kein Geld dafür hat, aber inzwischen ist er wohl auch schon zu alt.«

»Was? Mit sechzehn?«

»Ja, das ist so. Es gibt dreizehnjährige, die kriegen von ihren Eltern einen Haufen Taschengeld, als Ausgleich dafür, dass sie nie Zeit haben, das sind leichte Opfer. Sechzehnjährige sind schon ein bisschen weiter. Und ohne Geld uninteressant.«

Ich sehe zu Thimo, der nickt. »Gut, wir überlegen es uns. Er wollte in den Pfingstferien sowieso wieder zu uns kommen, um sich etwas zu verdienen, wir werden ihn beobachten und mit ihm reden. Schick uns die Adressen, die du hast.«

»Natürlich, vielen Dank. Für ihn würde es mich sehr freuen, wenn es klappt. Er hat es bisher nicht leicht gehabt.« Robert verabschiedet sich.

»Was meinst du?«, frage ich Thimo.

»Reden wir mit ihm. Er ist kein schlechter Kerl, das denke ich auch, und Deutsch und Mathe kann man ihm beibringen, aber ein gewisses Interesse an unserer Arbeit muss schon da sein. Lassen wir ihn mehr mit Pflanzen arbeiten, wenn er wiederkommt. Dann sehen wir weiter.«

»Gut. Ich mag ihn. Wenn er will, würde ich es mit ihm probieren.«

»Carsten!«

»Hm?«

»Die Prügelstrafe ist abgeschafft, nicht vergessen! Auch wenn er sich mal blöd anstellt.«

»Traust du mir so wenig?«

»Entschuldige, du hast recht, mein Kommentar war doof. Doch, ich traue dir. Aber du warst noch nicht wieder in Versuchung, seit der Geschichte mit Joshua. Trotzdem, ich hätte das nicht sagen sollen. Bitte entschuldige. Lass uns für heute Schluss machen.«

Es wird wohl noch dauern, bis er mir wieder blind vertraut, so wie früher.

Nach dem Essen bringt Thimo sein Bettzeug zu mir, mein Bett ist breiter, Möbel umräumen werden wir am Wochenende. Ich freue mich darauf.

Thimo hat meinen Po wieder eingecremt, er ist da sehr vorsichtig. Trotzdem, an manchen Stellen schmerzt jede Berührung. Wenn ich zusammenzucke, hält er sofort inne, passt noch mehr auf.

Im Bett legt er sich auf den Rücken, schiebt mich nach unten, steckt mir seine Kanone in den Mund, lässt sich ausgiebig blasen, ich nuckle an seinen Eiern, sauge sein Rohr ein, schnüffle in dem Urwald über seinem Gehänge, reibe meinen eigenen Schwanz an seinem Bein, ich bin wieder an seinem Sack, er gibt es sich selbst, ich warte mit offenem Mund, wichse mich, und als er mir seine Latte wieder reinsteckt und absamt, spritze ich selbst ab, meine Sahne landet auf seinem Bein.

Ich will neben dem Bett nach einem Papiertuch fingern, doch er hält mich fest. »Du weißt, was Pablo tun musste, als er mich vollgespritzt hat. Das gilt auch für dich. Und je länger du jetzt wartest, desto ungeiler wird es. Also leck deine Soße besser gleich weg.« Ganz ruhig und doch so, dass völlig klar ist, er meint es ernst.

Und so lecke ich ihn sauber, geil ist es nicht mehr, aber … ich könnte nicht widersprechen. Als ich fertig bin, legt er einen Arm um mich. »Siehst du, Carsten, du musst noch viel lernen.«

Ich schlafe durch, ohne Albtraum, und obwohl ich nicht in meiner eigentlich gewohnten Position auf dem Rücken pennen kann.

Am Morgen blasen wir uns, beide auf der Seite liegend, gegenseitig, ich halte dabei Thimos muskulösen Arsch umklammert, seine Zunge macht mich verrückt. Er spielt mit mir, knetet meine Klöten, wichst mich, nur mein Hinterteil ist tabu, während ich blase und nuckle. Ich will wieder seinen Geschmack im Mund haben, seine Soße, ich will sie schlucken, und da kommt er, spritzt mir in den Mund, nicht so viel wie gestern morgen, aber der gleiche Geschmack, ich sauge ihn aus, lasse mich selbst gehen, ergieße mich in seinen Mund, diesmal wollte er nicht den Chef rauskehren.

Die nächsten Tage gehen die Schwellungen auf meinem Hintern allmählich zurück, es tut nicht mehr so weh, wenn ich mich bücke oder aufstehe, vorsichtig hinsetzen geht wieder.

Bei einem unserer abendlichen Eincreme-Rituale bleibt Thimo hinter mir knien, ich höre, wie er seinen Reißverschluss öffnet, hektisch schnaufend sein Gehänge auspackt und stammelt: »Bleib liegen … ich halte es nicht mehr aus … bleib so liegen …« Er wichst sich, ich fürchte, er will mich ficken. »Thimo, nicht, bitte, es geht noch nicht …«, aber er beachtet mich nicht, »doch, es geht, dein Arsch ist so geil, warte, aaah …« und er spritzt auf meinen Hintern, Fontänen, ich weiß nicht, wie viele. Er schnaubt und schnaubt und dann spüre ich die Spitze seines schlapp werdenden Pimmels auf meiner rechten Arschbacke. »Warte. Ich wische dich ab.«

Er fummelt an mir rum. »Thimo, ich dachte, du willst mich bumsen!«

»Würde ich auch wollen … dauernd … ich weiß, es ist noch zu früh. Aber dein Hintern ist so geil … wenn es erst wieder geht … ich werde dich so wie Pablo dazu bringen, dass du jeden Tag von selbst deinen Arsch anbietest, glaub mir …«

Das glaube ich nicht. »Thimo, du spinnst!«

18. Ein Schlafzimmer

Wir haben mein Bett in einen bisher kaum genutzten Raum geschafft, der unser Schlafzimmer werden soll. Das ist noch keine Dauerlösung, wir brauchen vernünftige Möbel, aber … eins nach dem anderen.

Nach dem Abendessen holt Thimo eine Flasche Schampus aus dem Keller.

»Was feiern wir?«

»Unser Schlafzimmer! Das wir nachher noch einweihen werden! So richtig! Ich werd dich heute bumsen! Keine Angst, ich bin vorsichtig und werde dir nicht wehtun, aber ich halte es nicht mehr aus. Jeden Tag deinen Arsch vor mir liegen haben und nicht rein dürfen – ich kann nicht mehr! Du bist da hinten nicht mehr so empfindlich, das habe ich beim Eincremen gemerkt. Du wirst sehen, es geht. Und es wird dir gefallen.« Er schenkt zwei Gläser ein.

Ich wusste, er will mich nehmen, ich will es ihm auch nicht abschlagen, obwohl ich noch gern gewartet hätte. Aber das gemeinsame Schlafzimmer ist natürlich ein Anlass, da hat er recht, er wird schon aufpassen. Ich will ja auch … irgendwie.

Und ich denke, seit der Geschichte mit Joshua hatte er nichts mehr mit irgendwem anderen. Die beiden Abende, als es so spät war, vielleicht, aber danach, nein. Natürlich habe ich ihn gewichst und geblasen und er wird es sich auch selbst besorgt haben, aber mir ist klar, dass er wieder ein Loch für seine Samenspritze will. Er braucht das.

»Worauf wartest du?« Er hält mir ein Glas hin.

»Nichts. War nur in Gedanken. Prost, Thimo! Auf das Schlafzimmer!«

»Prost! Darauf, was wir da alles machen werden!«

Wir sitzen uns schräg gegenüber, trinken einen Schluck. »Willst du nicht zu mir kommen?«

Ich rücke zu ihm aufs Sofa, lehne meinen Kopf an seine Brust.

»Siehst du, ich bin für dich, was Georg für Conny ist. Du brauchst auch jemanden …«

»Thimo, ich bin nicht so wie Conny! Ich werde dir nicht den Arsch lecken oder mich verhauen oder vollpissen oder in den Stall sperren oder sonst was lassen. Garantiert nicht. Bumsen darfst nur du mich, ja, und ich werde niemand mehr zu irgendwas zwingen, aber ich gehöre dir nicht.«

»Doch. Und ich zeige dir, was du wirklich willst. Und wenn du das machst, muss ich dich nicht verhauen oder in den Stall sperren. Ganz einfach. Ich hab dich auch lieber bei mir.«

»Thimo, ich …«

»Glaub mir doch einfach, dass ich dich kenne. Ich weiß, was du willst und was nicht. Mir ist zum Beispiel klar, dass du Gelegenheiten zum Ficken haben musst. Du würdest es nicht aushalten ohne. Ist in Ordnung, Ingo, Achim, Conny, Robert werden sicher wieder vorbeischauen. Das reicht wohl. Anderes werde ich dir noch zeigen. Heute Abend fangen wir an.«

»Thimo, du bist nicht mein Chef oder Meister oder sonst was, und wir reden auf Augenhöhe miteinander.«

»Im Alltag natürlich und in Sachen Gärtnerei auch, schließlich gehört dir ja die Hälfte. Dass ich dir das mit den Gräbern angeschafft habe, war nur, weil ich an dem Tag so geladen war. Aber beim Sex wirst du dich nach mir richten.«

»Nein, Thimo.« Ich richte mich auf, doch er drückt mich wieder an sich.

»Warte doch einfach, hm? Und vertrau mir. Wir ergänzen uns, ich weiß es.«

Wenn ich jetzt was sage, wird er wieder eine Antwort darauf haben, also kann ich es gleich bleiben lassen. Aber was ich nicht will, werde ich nicht machen, auch in Zukunft nicht. Ich lasse mich zu nichts zwingen, auch von ihm nicht. Vielleicht war das mit dem gemeinsamen Schlafzimmer doch keine so gute Idee. Gut, heute …

Wir reden nicht mehr, trinken noch was, er zieht mich immer wieder zu sich. Es ist ja schön, sich anlehnen zu können, und nachdem ich die Gläser wieder aufgefüllt habe, lehne ich mich von allein an ihn, weiß, ich mache jetzt, was er will, aber ich will es ja auch.

Die Flasche ist leer, wir stehen uns im Schlafzimmer gegenüber.

»Komm, zieh mich aus!«, fordert Thimo, fängt selbst

schon bei den Knöpfen meines Hemdes an, und bald haben wir beide obenrum nichts mehr an, reiben uns aneinander, unsere Lippen und Zungen treffen sich, Thimos Augen fesseln mich, er hat eine Hand an meinem Rücken, die andere in meinem Schritt, ich kämpfe mit seinem Gürtel, Knopf, Reißverschluss, bis endlich seine Hose fällt, während er immer noch durch den Stoff meine Latte knetet.

»Runter!«, flüstert er, sieht mich intensiv an, und… ich wollte ihn sowieso blasen, also gehe ich in die Knie, lecke seine Nille, schlucke sein Organ, speichle ihn ein, er hält meinen Kopf, lässt sich bedienen.

Nun zieht er mich wieder hoch, fummelt an meinen Klamotten rum, bis ich auch nackt dastehe, dann umfasst er mit einer seiner Pranken unsere beiden Schwänze, die andere erkundet meinen Arsch, sachte, hinten passt er auf, vorne rubbelt er uns ziemlich heftig, und ich weiß noch nicht, worauf er hinauswill.

Er wirft sich rücklings aufs Bett. »Lutsch mich noch mal! Und zeig mir deinen Arsch!«

Ich verstehe erst nicht, was er will, aber schließlich kapiere ich und knie breitbeinig über ihm, sauge an seinem Rohr, recke ihm meine Kehrseite entgegen. Er könnte mir nun den Arsch lecken, aber das macht er natürlich nicht, würde ich auch nicht, er spuckt mir in die Ritze, mehrmals, dann fängt er an, mich zu fingern, immer tiefer, immer weiter, er kommt da an einen Punkt, wo ich nicht mehr kann, mein Schmand landet auf seinem Bauch. Ich wollte noch nicht, aber so, wie er da in mir zugange war…

»Schmier dein Loch damit ein!« Leise, bestimmt.

»Ja, Thimo.« Wieso mache ich das jetzt? Wieso? Ich weiß doch, was er gleich will…

»Leg dich auf die Seite.«

Er rückt hinter mich, drückt sich mit seiner ganzen Körperlänge an mich, vom Kopf bis zu den Füßen, sein Steifer in meiner Spalte, seine Lenden an meinem Hintern, aber es geht, er wetzt nicht rum, greift sich nur mit einer Hand meinen Schlappen.

»Warst du so geil, dass ich dich schon mit ein paar Fingern zum Überlaufen gebracht habe, hm? Dabei wolltest du doch meinen Schwanz…«

»Thimo, ich…«

»Psst, kriegst du jetzt.«

Er drängt seine Beine zwischen die meinen, wichst sich, seine Lanze zielt auf mein Loch, mit dieser Schmierage flutscht es wie nichts, er steckt schon in mir, seine Gurke in meinem Hintereingang.

»Thimo, nicht, warte doch…«

»Nein, jetzt, jetzt, jaaah… « Sein Rohr pumpt, er kommt, ohne zu ficken, nur das Reinstecken hat ihm den Rest gegeben…

Wir bleiben liegen, so eng beieinander, dass er in mir bleibt, selbst als er schlaff wird. Ich glaube, ich penne sogar kurz ein.

»Du hast geschlafen«, stellt Thimo dann auch fest, als ich wieder zu mir komme. »Fast eine halbe Stunde. Schön.«

»Du nicht?«

»Nein. Hab dich beobachtet. Du hast dich immer wieder an mich gedrängt. Geht's mit deinem Hintern?«

Statt einer Antwort drücke ich mich fester an ihn.

Seine Hand lag schon die ganze Zeit bewegungslos auf meinem Schwanz, nun kommt Leben in die Finger, er spielt mit mir, mein Pimmel wächst, das Ding in meinem Hintern auch, dabei saugt er an meinem Hals. »Noch mal?«

Ich brumme nur.

»Sag schon. Noch mal was?«

»Fick mich, Thimo!«

»Ja! Das wollte ich hören! Bisher hast du immer gesagt ›Du kannst mich ficken‹ oder ›Du darfst mich bumsen‹ oder so ähnlich. Das klingt ganz anders. Verstehst du?«

Natürlich verstehe ich, und er hat recht. Aber jetzt will ich es. »Ja. Fick mich, Thimo!«

Jeder, der uns zusieht, würde für völlig unspektakulär halten, was wir nun machen. Thimo bleibt einfach hinter mir liegen und bewegt sein Becken, vor, zurück, vor, zurück … sein Kolben steckt in mir, meiner wächst in Thimos Hand zu voller Größe, und er bumst mich, langsam, intensiv, und erst nach einer halben Ewigkeit wird sein Atem hektisch, seine Stöße etwas schneller, ebenso die Hand an meinem Schwanz. Er schafft es, uns beiden zugleich einen Orgasmus zu verschaffen.

Ich merke noch, wie Thimo einpennt, bevor ich selbst wegknacke.

»Wir brauchen ein neues Betttuch«, stellt Thimo am nächsten Morgen fest. In der Tat, mein Eierschleim von gestern ist eingetrocknet, sein Pimmel ist irgendwann aus mir rausgeflutscht, danach muss sein Sperma aus meinem Arsch gelaufen sein … egal.

Thimo ist schon wieder da, er führt meine Hand zu seinem Mast, während eine seiner Pranken meinen Hintern drückt. Und seine dunklen Augen mich festhalten. »Ich warte.«

»Fick mich, Thimo!« Ich kann nicht anders.

Er dreht sich auf den Rücken. »Hock dich drauf. Saug mir mit deinem Loch den Saft aus den Eiern!«

Er überlässt mir die Initiative. Liegt nur da und ich reite auf ihm, seine Salami hinten drin. Erst langsam, ich spüre meinen Arsch schon noch, aber je geiler ich werde, desto mehr tritt das in den Hintergrund, irgendwann fühle ich nur noch, was in meinem Arsch abgeht, Thimo rubbelt mit beiden Händen mein Rohr, ich lasse mich immer schneller auf ihn fallen, gehe so hoch, dass sein Schwanz ganz aus mir rausflutscht, doch ich halte ihn fest, und schon presse ich ihn wieder in meine Rosette, er soll jetzt durch meine Behandlung fertig werden, ich glaube, ich kriege ihn so weit, nun lasse ich nur noch seinen Nillenkopf raus und rein, mache mich eng und locker, gleich habe ich ihn, ich sehe es ihm an, er verdreht schon die Augen, da lasse ich mich wieder richtig auf ihn fallen, und bei mir geht die Post ab, bei ihm auch, während ich spritze, zuckt es in mir, und er schleimt mich voll.

Ich liege auf ihm, wir verschnaufen.

»Ich wache fast immer mit einer Morgenlatte auf«, sagt Thimo, »und wedle mir dann selbst einen von der Palme.

Ab jetzt wirst du dich darum kümmern, heute war schon mal ganz gut.« Er grinst mich an.

»›Ganz gut‹ ist eine Frechheit! Was willst du denn noch?«

»Lass dich doch nicht aufziehen. Es war viel mehr als ›ganz gut‹. Vor allem, weil es dir auch gefallen hat. Habe ich recht?«

»Ja, Thimo.«

»War das mit dem Schlafzimmer eine gute Idee? Damit du dich immer um mich kümmern kannst, wenn ich es brauche?«

»Ja, Thimo.«

19. Eine Sau

Thimo bumst mich nun jeden Tag mindestens einmal, meistens abends. Inzwischen stößt er richtig zu, ich verkrafte das jetzt, aber oft reite ich auf ihm und bestimme selbst das Tempo. Wenn er morgens eine Latte stehen hat, und das ist praktisch täglich der Fall, sauge ich sie ihm ab und hole mir dazu selbst einen runter, mit seinen Fingern im Arsch.

Eines Abends lässt er sich ins Bett fallen, nackt wie fast immer, macht aber keine Anstalten, irgendwas anzufangen. Was ist los? Wir hatten heute keinen Knatsch und der Tag war auch nicht sonderlich anstrengend.

»Thimo, was ist?«

»Was soll sein?«

»Keine Lust?«

»Worauf?«

»Auf mich! Ich warte!«

»Worauf denn?«

»Frag doch nicht so dämlich! Das weißt du ganz genau!«

Jetzt grinst er mich an. »Ich hab's gewusst. Du bist so weit!«

Ich schaue verständnislos. »Wie weit?«

»Erinnerst du dich? Ich habe gesagt, du wirst so wie Pablo von selbst deinen Arsch anbieten. Das hast du grade getan. Du willst jeden Tag meinen Kolben hinten drin! Hab ich recht?«

Ich trommle mit den Fäusten auf seine Brust. »Du bist ein Schuft! Wie kannst du …«

Er hält meine Hände fest. »Hab ich recht?«

Er hat recht. Ich weiß es, er weiß es. »Du hast gewonnen.«

»Carsten, es geht doch nicht ums Gewinnen. Es geht darum, dass ich dich bumsen will, und du endlich kapiert hast, dass du das auch willst. Ich hab darauf gewartet! Was meinst du, wie ich mich zusammennehmen musste, um nicht mit einem Steifen hier rein zu marschieren? Da hättest du mein Desinteresse doch nicht geglaubt. Natürlich will ich. Schau doch!« Sein Pimmel richtet sich schon auf.

»Thimo, du bist …« Mir fällt kein passender Ausdruck ein.

»Ich habe von uns beiden einfach die bessere Menschenkenntnis, das hab ich dir schon mal gesagt. Ich weiß, was du brauchst. Also steck ihn dir rein!«

Ich sitze auf Thimo, presse meine Schenkel gegen seinen Oberkörper, sein Schwanz füllt mich aus, er hat die Knie angezogen und stößt von unten in mich. Nicht wild und brutal, aber er hat die Initiative. Ich sauge an seinen Brustwarzen, lasse es mir besorgen, er ist ausdauernd, ich kann inzwischen gut einschätzen, wann er auf den Höhepunkt zusteuert, und schaffe es meist, mich zugleich zum Abgang zu wichsen.

Wir liegen noch eng beisammen. »Thimo, wie bringst du mich dazu, Sachen zu tun, die ich nie wollte?«

»Gefühl. Ich kenne dich. Du wolltest das schon immer, du hast dich nur nicht getraut. Zu etwas, das du wirklich nicht willst, kann auch ich dich nicht bringen. Aber wir machen Fortschritte.«

»Was traue ich mich denn deiner Meinung nach außerdem bisher nicht?«

»Da gibt es noch einiges. Ich warte auf passende Gelegenheiten.«

Ingo hat angerufen. Ob unser Fitness-Studio mal wieder einen freien Termin hätte. Er würde gern auch die Filiale sehen …

Er kommt wieder in seiner Kaminkehrerkluft, wir zeigen ihm den Schweinestall, er ist hin und weg. »Dieses Gitter ist noch geiler als euer Bock … ihr wisst ja, was ich brauche …«

Ich fasse ihm von hinten durch die Beine. »Wir wissen, was du brauchst, du Schwein, ja. Wir werden dich so fertig machen, dass du die Englein singen hörst! Komm mit, erst gibt's noch mindestens ein Bier für alle!«

Wir setzen uns in der Küche noch mit einer Flasche für jeden zusammen. Ingo ist sehr offen mit seinen sexuellen Fantasien. «Ich finde es einfach geil, Schwänze drin zu haben. Oben und unten. Und dabei ausgeliefert zu sein. Benutzt werden, gefesselt und vollgepisst. Wenn ihr das auch wollt, können wir uns einen geilen Abend machen.«

»Prost, Ingo!«

Wir sind im Stall, Ingo hat sich bis auf seine Arbeitsschuhe ausgezogen. »Zu warm ist es hier aber nicht.«

Das stimmt, deshalb behalten Thimo und ich die Klamotten auch an und holen nur Schwänze und Eier raus. »Das ist schließlich kein Komfortzimmer. Dafür gehen wir auf die individuellen Wünsche unserer Gäste ein. Wie hättest du's denn gern?«

Er überlegt. »Ihr bindet mich an dieses Torgitter hier. Das passt von der Höhe besser, da kann ich mich drüberbeugen.«

Das Tor ist mit drei massiven eisernen Angeln in der Wand verankert, das sollte das aushalten, auch wenn es offen steht. Wir binden Ingos Beine an der unteren Querstrebe des Gitters fest, ein ganzes Stück auseinander, so dass sein Loch gut zugänglich ist. Die Hände von der anderen Seite an senkrechte Stangen, so ist er gefesselt, kann aber seinen Oberkörper auf und ab bewegen.

Wir begutachten unser Werk. Unter seinem drallen, wirklich einladenden Arsch mit einer dunkel behaarten Ritze baumelt ein gut gefüllter Sack, große Eier, vom Schwanz ist von hinten nicht viel zu sehen, doch der tritt nun in Aktion: Ingo fängt an zu strullen, einfach so, zielen kann er nicht, hat ja keine Hand frei, also schifft er irgendwo hin, bald ist der ganze Boden unter und vor ihm nass. Die Pisse dampft auf dem Boden, es riecht sofort nach Männerklo. Meine Kanone steht schon volles Rohr; als Thimo das sieht, schiebt er mich zu Ingos Hintern. »Bock ihn. So kannst du eh nicht pissen. Das mach ich jetzt!«

Ingo hat den Oberkörper weit unten, ich ziehe seine Arschbacken auseinander, mein Schwanz freut sich, mal wieder ficken zu dürfen, ich spucke in die Kimme, teste mit einem Finger, spucke noch mal, dann auch auf meinen Nillenkopf, und dann dringe ich ein in dieses dunkle, warme, weiche Loch, das mich willig aufnimmt, und Ingo grunzt dabei wie, ja, wie ein Schwein, als ich ihn nun vögle.

Thimo stellt sich vor Ingos nach unten hängenden Kopf, zielt mit seinem Pimmel auf Ingos Glatze und brunzt über ihn. Ingo windet sich geradezu ekstatisch, dreht den Kopf hin und her, damit ihn der Pissestrahl auch überall trifft. Er dreht den Kopf nach oben, reißt den Mund auf, lässt sich in den Rachen pullern, wildes Stöhnen. Ich ficke ihn währenddessen, aber ich achte gar nicht auf meinen Schwanz, mich fesselt, was da abgeht. Wir haben auch zwar Conny eingesaut, aber so wie Ingo sich gehen lässt, das habe ich noch nie gesehen.

Gleich spuckt mein Rohr, obwohl ich meinen Kolben einfach nur immer wieder mechanisch in Ingos Kanal geschoben habe, was ist mit mir los? Ich wollte viel länger, aber es geht nicht mehr, ein letzter, fester Stoß, dann kriegt Ingo meinen Saft, während ich laut aufstöhne und mich dann am Gitter festhalten muss und bei einem Blick nach unten merke, dass ich schon in einer Pisslache stehe.

Thimo hat sich währenddessen ausgeschifft, Ingo hängt an seinem pissnassen Schniedel, saugt sich die letzten Tropfen aus Thimos Nille, die nun anschwillt und wächst, bis Ingo die volle Länge einfach nicht mehr schafft.

Ich ziehe meinen Schlaffen aus Ingos Loch und fasse ihm zwischen die Beine. Er ist steinhart, stöhnt aber gleich auf. »Finger weg! Nicht jetzt! Macht weiter, tauscht die Plätze!«

Thimo kommt hinter zu mir und versenkt mit einem einzigen Stoß sein gewaltiges Rohr in Ingos Arschkanal. Der jault laut auf, aber es ist ein wohliges Jaulen, geht über in ein nicht endendes »Jaaaa ...« Thimo strafft seine Arschmuskeln, wenn er zustößt; leider sehe ich das nie, wenn er mich hernimmt. Wäre saugeil.

Ingo reißt mich aus meinen Gedanken. »Carsten ... ah ... wo bleibst ... du denn?«

Ich tapse auf die andere Seite des Tores. Ingo erwartet mich mit weit aufgerissenem Maul. »Komm her!«, fordert er, und sobald ich nah genug bin, schnappt er nach meinem verschmierten Pimmel, saugt und lutscht, während Thimos Bockerei ihn gegen mich drückt und sein nasser Schädel meine Klamotten versaut.

»Waff eff Waufen!«, kommt von Ingo, aber ich verstehe nicht. Mit Schwanz im Mund leidet die Aussprache.

»Was soll ich?«

Er spuckt mich aus. »Lass es laufen!« – und schon hat er mich wieder inhaliert, und als ich die Schleusen öffne, schluckt er und schluckt und schluckt, nichts geht daneben. Doch bei einem besonders heftigen Fickstoß muss er den Mund öffnen, fängt an zu husten, und meine Hose wird nass, die Schuhe. Als ich mich bremse, ist es schon zu spät.

»Sorry. Mach weiter.« Ingo hängt schon wieder an mir, und jetzt ist es sowieso egal, die Hose muss in die Wäsche, also lasse ich den Rest auch noch aus mir raus, und Ingo säuft alles, während er von hinten heftig gestopft wird.

Als ich mich ausgepisst habe, will ich weggehen. Doch kaum hat Ingo den Mund frei, fordert er, dass ich bleibe.

»Ich will … aah … zwei Schwänze … drin haben … wenn … ich komme!«

So lasse ich ihn weiter an mir nuckeln, Thimo schaut mit glasigen Augen zu, während er sich zum Abschuss treiben lässt und stöhnend ablädt.

»Mach mir eine Hand frei! Schnell!«, verlangt Ingo, doch bevor ich reagieren kann, fasst ihm Thimo um den Bauch, und da explodiert es in Ingo. Sehen kann ich nichts, aber so wie er losbrüllt … würde mich nicht wundern, wenn er gleich ohnmächtig wird.

Das passiert nicht, aber es dauert, bis er sich wieder aufrichten kann; auch nachdem wir ihn losgebunden haben, hängt er noch eine ganze Weile wie ein nasser Sack über dem Gittertor. Nachdem er sich schließlich doch mit dem kalten Wasser den Kopf gewaschen hat, bieten wir ihm an, drinnen warm zu duschen. Das nimmt er an. Thimo spritzt mit dem Gartenschlauch den Stall aus, und ich suche mir derweil eine andere Hose. Die Schuhe lassen wir vor der Haustür stehen.

Wir genehmigen uns noch mal ein Bier, Ingo will jetzt ein Wasser.

»Ihr seid super! Euer Stall auch, bis auf die Kälte, gerade wenn man nass ist. Und dann noch das kalte Wasser. Wollt ihr nicht Heizung und Warmwasser reinlegen lassen?«

»Das erklärst du aber dem Installateur, wieso wir das im Schweinestall brauchen.«

»Ja, gut … artgerechte Haltung, oder? Ist das kein Grund?«

»Nein.«

»Schade. Könnte man noch mehr machen. Alle nackig oder so, und nicht nur über den Kopf… Ich werde trotzdem wiederkommen. Wohin wir gehen, können wir dann von der Temperatur abhängig machen.«

»Der ist ein noch größeres Schwein als Conny.«

»Sei doch froh, so konntest du mal wieder ficken. Wenn es ihm gefällt… wieso soll er nicht? Und gefallen hat es ihm, ganz eindeutig. Dir und mir doch auch. Und noch was, weil wir gerade dabei sind: Ich habe schon ein paar mal gesehen, dass du, wenn du ganz hinten in unserem Garten bist, in die Büsche pinkelst. Lass das, die mögen das nicht.«

»Ach Thimo, du weißt, wie weit es von da hinten zum Haus ist.«

»Trotzdem, lass das.«

20. Aufpasser

Eines Morgens, als sie bei uns wieder Blumen und Gemüse abholen, fragt Georg, ob wir ein paar Tage auf Conny aufpassen könnten.

»Inwiefern aufpassen?«

»Ich muss weg, meine Mutter geht in ein Betreutes Wohnen. Und ich will ihn nicht allein lassen, sonst macht er nur Unsinn. Bei euch wüsste ich ihn gut aufgehoben.«

»Nimm ihn doch mit.«

»Er kriegt keinen Urlaub. Wollt ihr heute Abend zu uns kommen zum Essen? So halb acht? Wegen Einzelheiten.«

»Äh … ja, gut.«

»Prima.« Georg gibt uns die Adresse.

»Hast du eine Idee, was die beiden wollen?«

Thimo zuckt mit den Schultern. »Noch nicht so richtig. Hören wir's uns an. Ich denke, es wird was sein, was sie sich beide so überlegt haben. Georg macht zwar auf Macker, aber Conny weiß auch, was er will.«

Georg und Conny leben in einem Mehrfamilienhaus, die Wohnung ist ganz nett, aber klar, so viele Spielmöglichkeiten wie bei uns haben sie hier nicht, da würden gleich die Nachbarn auf der Matte stehen.

Georg hat gekocht, wir reden erst allgemeines Bla-bla, dann kommt er zur Sache.

»Also, wie gesagt, ich muss ein paar Tage weg, übermorgen, und spätestens am zweiten Tag wäre er hier so läufig, dass er auf irgendeine Klappe ginge, und dann müsste ich ihm den Arsch so versohlen, dass ich ihn danach tagelang nicht ficken kann, also das ist nix. Stimmt's, Conny?«

»Ja, Georg, aber schließlich hast du mich dran gewöhnt, dass ich dauernd was hinten drin brauche.«

»Jetzt bin ich noch schuld, ja klar. Jedenfalls, wenn er in eurem Kämmerchen bleiben könnte und ihr ihn euch jeden Abend vorknöpft, sollte er nicht auf dumme Gedanken kommen.«

»Aber du hast doch gesagt, er darf nicht, wenn du nicht dabei bist.«

»Ja, aber er würde sich nicht dran halten. Da ist es mir lieber, er ist bei euch. Ihr könnt mit ihm machen, was ihr wollt. Tagsüber ist er eh bei der Arbeit, aber wenn er nicht spätestens halb sieben zu Hause ist, hat er was angestellt. Da müsst ihr entsprechend reagieren. Auf den Bock und zack! Arsch voll. Oder in den Stall. Wenn ich wieder da bin, müsst ihr berichten, wie er sich benommen hat. Willst du brav sein, Conny?«

»Ja, Georg.«

Wir fahren heim. »Also, Thimo, ich glaube ja auch, dass die das so abgesprochen haben, und ich könnte mir sogar vorstellen, dass Conny absichtlich mal zu spät kommt, um bestraft zu werden, aber …«

»Aber was? Bis jetzt hast du recht.«

»Aber du hast mal gesagt, du wärst für mich, was Georg für Conny ist. Du glaubst doch nicht im Ernst, ich würde mich von dir an irgendwen weiterreichen lassen, wenn du mal nicht da bist!«

»Natürlich nicht, das will ich auch nicht, schließlich gehört dein Arsch nur mir, das hab ich auch gesagt. Sicher ist Georg anders als ich, und Conny anders als du. Aber im Prinzip …«

»Im Prinzip spinnst du, Thimo.«

Zwei Tage später kommt Conny mit Schlafsack und Wäsche, essen wird er mit uns. Er hilft in der Küche mit, dann ratschen wir noch.

»Ihr habt ja die kleine Wohnung gestrichen«, stellt er fest.

»Haben wir machen lassen. Aber sag mal, würdest du wirklich auf eine Klappe gehen, wenn du nicht hier wärst?«

»Heute nicht. Morgen vielleicht. Oder ich würde mir zumindest einen Dildo reinstecken. Ich brauche das einfach.«

Thimo steht auf. »Dann komm mit, wir gehen zu dir. Georg hat gesagt, wir können mit dir machen, was wir wollen. Ich weiß schon was.«

»Dann will ich euch mal in Stimmung bringen«, meint Conny, als wir in seinem Zimmer sind, und beginnt sich auszuziehen. »Die Socken lasse ich an. Kalte Füße.« Er legt nicht gerade einen Striptease hin, aber etwas Exhibitionistisches hat er an sich. Und er kann sich sehen lassen, kleiner als Georg und wir, aber die gleichen Proportionen, Muskeln, wo sie hingehören, und ausgeprägte Arschbacken.

Wir ziehen uns auch aus. »Ich lasse mir den Arsch lecken«, flüstert mir Thimo zu. Du kannst sein Loch haben.« Ich bin sehr einverstanden.

Conny bläst uns an, fragt dann frech, ob wir soweit seien.

»Das wirst du gleich sehen. Leg dich auf die Matratze, auf den Rücken.«

Conny hat sich selbst noch nicht angefasst, trotzdem steht sein Rohr fast senkrecht hoch, als er da liegt. Thimo kniet sich über seine Brust, reckt ihm den Arsch entgegen. »Leck mich!«

Ich sehe es mir erst an. Thimos dunkler Lockenkopf, sein breites Kreuz, Connys Zunge sucht Thimos Rosette; ich könnte mir darauf einen abwichsen, aber schließlich will Conny ja gestopft werden.

Wir haben Glitsch mitgenommen, damit schmiere ich nun Connys Loch und meinen Schwanz, knie mich breitbeinig hinter ihn, ziehe ihn hoch, bis sein Eingang direkt vor meiner juckenden Nille liegt, dann steche ich ihn an. Er ist was gewöhnt, das merkt man, wahrscheinlich nimmt ihn Georg wirklich oft her. Meine Latte genießt diese geile, willige Schote, bohrt sich immer wieder rein, während Conny mit den Händen fuchtelt. Er möchte sich wohl wichsen, doch seine Arme klemmen in Thimos Kniekehlen und sagen kann er auch nichts. Er wird froh sein, wenn er überhaupt Luft bekommt unter Thimos Hintern.

Der sieht mich an. Wir können uns ohne Worte abstimmen, wann wir zum Abschuss kommen wollen, und nun legen wir los. Thimo wichst sich, ich bocke, immer schneller, schneller, Connys Steifer zuckt und ölt auch schon, bei mir ist es soweit, ich feuere meine Ladung ab, da kommt auch Thimo, seine Soße landet auf Connys Bauch, wir beugen uns beide etwas vor, küssen uns, während ich unter mir Conny einen abrubble, damit der auch was davon hat.

Thimo und ich stehen auf, bringen Conny Klopapier, er ist ganz schön eingesaut.

»Und? Für heute genug?«

Conny rappelt sich auf, hält mit spitzen Fingern das spermagetränkte Klopapier von sich. »Mir langt's für heute. Bis morgen.«

»Arschlecken ist geil«, sagt Thimo. »Das musst du noch lernen.«

»Ich will das nicht!«

»Du traust dich nicht, das ist ein Unterschied. Musst du noch lernen, sag ich doch.«

»Thimo!«

Tags darauf machen wir es umgekehrt, Thimo fickt Conny, ich lasse mir das Loch lecken. Thimo hat schon recht, es ist saugeil, wenn einen eine glitschnasse Zunge da hinten abschleckt, jedes Fältchen erkundet, sich mit der Spitze gar hineinzwängt, Conny macht das echt gut. Ich könnte noch lang so sitzen bleiben, doch diesem Schwein von Thimo ist es nicht genug zu ficken, er grabscht sich auch noch

Connys und meinen Schwanz und zerrt in seinem Fickrhythmus daran, bis es uns allen die Soße heraustreibt.

Am nächsten Tag spricht mich Conny an, als wir mal alleine sind.

»Thimo hat aber ganz schön zugeschlagen. Was hast du gemacht?«

»Was?«

»An deinem Arsch sind noch Spuren von ordentlichen Hieben. Du bist gestern auf mir gesessen. Ich musste es sehen.«

Ich habe nicht gewusst, dass da noch was ist, selber sehe ich es schließlich nicht. Thimo hätte ruhig was sagen können, Conny sollte das nicht wissen.

»Das war nicht Thimo. Und behalt's für dich.«

»Klar. Ich dachte nur …«

»Was?«

»Nichts. Nur, bei euch gibt doch Thimo den Ton vor. Deshalb dachte ich … es sieht aber nicht nach Spiel aus.«

»Es war kein Spiel. Ich will aber nicht darüber reden. Nur, es war nicht Thimo.«

Ich bezweifle, dass er es glaubt, aber er sagt nichts mehr.

Sex fällt heute aus, Conny sagt, ihm wäre nicht gut und er wolle sich gleich hinlegen.

»Weißt du, was er hat?«, fragt Thimo.

Ich berichte von dem Gespräch. Es ist ihm äußerst unangenehm.

»Entschuldige. Ich hätte wissen müssen, dass man da noch was sieht, auch wenn du es wohl nicht mehr spürst.

Als du gesagt hast, du willst dich lecken lassen, habe ich nicht dran gedacht. Ich wollte dir den Genuss auch gönnen. War doch geil, oder?«

»War geil, ja, aber jetzt denkt Conny, du hättest mich brutal verhauen. Das war es nicht wert. Er ist sicher deshalb jetzt verschwunden. Außerdem schien es ihm selbstverständlich, dass du hier sagst, was so läuft. Wie kommt er dazu?«

»Ich denke, er beobachtet uns.«

Am nächsten Tag wird Georg zurückkommen, und so packt Conny morgens seinen Kram zusammen und wir frühstücken nur noch gemeinsam, eher schweigsam.

»Ich wollte noch was sagen, ehe ich gehe«, fängt Conny dann an. »Dass ich hier übernachte, war meine Idee. Ich wäre natürlich nicht jeden Tag auf die Klappe gelaufen, nur weil Georg nicht da ist. Ich denke, ihr habt schon verstanden, dass solche Sprüche zu unseren Spielen gehören. Ich hatte ursprünglich auch überlegt, gestern Abend später zu kommen, um da was zu provozieren, ihr wisst schon, in einem gewissen Rahmen macht mich das durchaus an. Aber nachdem ich Carstens Hintern gesehen habe, wollte ich das nicht riskieren. Er hat gesagt, es warst nicht du, Thimo, aber ich kann mir nicht vorstellen, dass er sich von irgendjemand anderem als dir verprügeln lassen würde. Da wollte ich nicht gefesselt jemandem ausgeliefert sein, der womöglich vergisst, wo Grenzen sein sollen. Tut mir leid, wenn ich dir Unrecht tue, Thimo, aber mir fällt nichts Plausibleres ein. Trotzdem natürlich vielen Dank für eure Gastfreundschaft.«

Das kann so nicht stehen bleiben. Ich bedeute Thimo mit einer Handbewegung, still zu sein, ich muss das selbst aufklären.

»Ich verstehe deine Gedanken Conny, aber du tust Thimo Unrecht. Nicht er hat vergessen, wo Grenzen sind, ich war das. Deshalb die Spuren auf meinem Hintern.« Ich erzähle die ganze Geschichte, Conny hört aufmerksam zu.

»Das konnte ich nicht wissen, du wolltest gestern nicht darüber sprechen. Thimo, ich möchte mich ausdrücklich bei dir entschuldigen und hoffe, du kannst das annehmen. Es tut mir wirklich leid, ich habe dich auch nicht so eingeschätzt, aber ich habe da nicht auf mein Bauchgefühl gehört, sondern etwas Falsches hineininterpretiert. Ich werde Georg nichts von alledem sagen, und wenn er mal wieder vorschlägt, dass wir uns treffen sollen, müsst ihr euch eine Ausrede einfallen lassen, wenn ihr das nicht wollt. Es täte mir leid, aber ich würd's verstehen. Also noch mal vielen Dank, ich gehe jetzt. Tschüss Carsten, tschüss Thimo.«

»Und?«

»Scheiße. Ich kann seinen Gedankengang auch nachvollziehen, aber … wirke ich so unbeherrscht?«

»Nein, Thimo. Bist du ja auch nicht. Du hast dich immer unter Kontrolle, im Gegensatz zu mir. Ich würde mich Conny anschließen. Es täte mir leid, wenn wir die beiden nicht mehr treffen, aber ich verstehe auch, wenn du das nicht willst.«

21. Ein heißer Tag

Pfingstferien, Kevin jobbt wieder bei uns. Wir haben uns zwischenzeitlich durch die Informationen gewühlt, die wir durch Roberts Vermittlung bekommen haben. Grundsätzlich könnten auch wir als Zwei-Mann-Betrieb jemanden ausbilden, in der Praxis machen wir sehr viel von dem, was im Gartenbau so anfällt. Und es gäbe sogar eine Berufsschule in akzeptabler Entfernung.

Gefunden hat Kevin jedenfalls noch nichts.

»Sei ehrlich, woran liegt's?«

»Meine Noten, das weiß ich schon. Alle denken, ich bin faul und lerne nicht. Aber ich bin nicht faul! Ich will was machen. Nur die Schule ist so … stundenlang stillsitzen und so Kram, der mich nicht interessiert.«

»Was interessiert dich denn?«

»Weiß nicht. Was, wo man was machen kann. Bloß kein Schreibtisch!«

Wir lassen ihn mitarbeiten. Sträuße binden, Gräber gießen, Rosen schneiden, Kränze für eine Beerdigung stecken, Kompost in Beeten untergraben. Manchmal jammert er über Muskelkater, aber er macht mit. Beim Mittagessen erfahren wir noch mehr über die Familie. Der Vater sitzt wegen schwerer Körperverletzung ein, die Mutter lebt von Hartz IV und hat alle paar Wochen einen neuen Freund. Großeltern sind weit weg oder leben nicht mehr. Er hat wirklich voll in die Scheiße gegriffen.

»Kevin, kannst du dir vorstellen, Gärtner zu werden?«

»Kann man das lernen?«

»Das ist ein Ausbildungsberuf, ja.«

»Hier? Ich meine, könnt ihr das machen?« Zusammen redet er uns inzwischen mit »ihr« an, einzeln siezt er uns. Thimo nennt er »Meister«, mich »Chef«.

»Ja, da wir beide Meister sind, können wir das. Es ist übrigens eine Idee von deinem Lehrer. Wenn du willst, machen wir mit dir einen Ausbildungsvertrag.«

»Der Wolf kümmert sich um so was, echt? Wie lang dauert das? Und was kann ich da verdienen?«

Die letzte Frage ist schon etwas plump, aber das schieben wir seiner Unbedarftheit zu.

»Es dauert drei Jahre. Solange du lernst, verdienst du wenig, weniger als wenn du jobbst. Aber Mittagessen gibt's umsonst. Du sollst es auch nicht nur machen, weil du nichts anderes gefunden hast, du sollst schon wollen. Berufsschule gehört dazu, wir erwarten, dass du dich da reinkniest, auch wenn du Schule nicht magst. Und wir müssen dir ehrlich sagen: Ob wir dich nach der Ausbildung beschäftigen können, wissen wir nicht. Wir müssen sehen, wie sich der Laden entwickelt. Überleg's dir und sag uns Bescheid, dann leiern wir das an. Red mit deiner Mutter, sie muss den Vertrag auch unterschreiben.«

»Der ist egal, was ich mache, Hauptsache, ich mache was.

Und ich mach das auch! Wirklich, ich will. Ich hab nicht gewusst, dass das geht, und es ist super, dass ihr mir das zutraut! Ich häng mich rein, versprochen!«

Wir genehmigen uns noch schnell einen Espresso, so was mag Kevin nicht, er ist schon draußen. »Ich glaube, wir tun ein gutes Werk.«

»Sieht so aus.«

Robert ist während der Ferien weggefahren, wir informieren ihn später. Dann darf er auch mal wiederkommen.

Es ist schon ein sehr warmer Frühsommertag, wir haben deshalb die Dächer unserer Gewächshäuser alle geöffnet. Ich suche was im ersten Stock unseres Hauses, sehe raus, da ist Thimo, er gräbt ein Beet um, wegen der Hitze hat er sich obenrum ausgezogen und nur noch eine alte Turnhose und die Arbeitsstiefel an. Er glänzt, ihm muss überall der Schweiß runterlaufen. Wirklich eine super Figur. Modellathlet.

Mein Blick fällt durch das Dach in ein Gewächshaus. Da steht Kevin, stiert auch zu Thimo, und wichst. Ich kann zwar nicht erkennen, was da vor seinem Hosenlatz Hand und was Schwanz ist, aber die Bewegung ist eindeutig. Thimo sieht Kevin wohl nicht, wegen der Sonne spiegelt das Glashaus von außen.

Mein Pimmel meldet sich. Dieser fast nackte Thimo ist eine klasse Animation, da würde garantiert jeder geil. Außerdem, mich sieht, im Gegensatz zu Kevin, sicher niemand. Meine Hand öffnet schon die Hose, mein Rohr reckt sich ihr entgegen, wieso bin ich so schnell so geil? Thimo streckt sich, in der Turnhose ist sein Schwanz zu erahnen, nun bückt er sich nach ein paar Steinen, wirft sie beiseite, die Hose spannt an seinem Arsch, ich denke mir seine Hose ganz weg und da geht mir schon einer ab. Puh!

Kevin arbeitet wieder, er war noch schneller. Ist ja auch erst sechzehn.

Später kommt Kevin, druckst wieder rum, ob er was fragen dürfe.

»Fragen darfst du alles, solltest du doch inzwischen wissen, also stell dich nicht so an.«

»Ja, Chef. Also, ich habe nächsten Samstag Geburtstag und wollte mal so fünf oder sechs Kumpel einladen, das konnte ich noch nie. Ich hab den Grill in dem Schuppen gesehen. Dürften wir vielleicht am Abend hier grillen? Ich hab jetzt Geld, ich kann die Sachen schon kaufen.«

»Was willst du kaufen?« Thimo kommt dazu, wieder mit T-Shirt, und Kevin wiederholt.

»Und vielleicht, wenn wir Isomatten und so was mitbringen, dürfen wir in dem Schuppen schlafen?«

Wir einigen uns darauf, dass einer von uns Freitag nächster Woche mit ihm einkaufen fährt, wegen des Feuers wollen Thimo und ich beim Grillen lieber dabei sein, danach lassen wir die Jungs alleine und sie sollen machen, was sie wollen. Kevin will eine Einkaufsliste schreiben und verabschiedet sich.

»Wir werden wohl seine Ersatzfamilie«, meint Thimo.

»Vor allem du!«

»Wieso?«

Ich erzähle von heute Nachmittag.

»Ihr habt euch beide einen runtergeholt, während ich geschuftet habe? Geht's noch?«

»Thimo, du bist ein geiler Typ, wenn du da so im eigenen Saft stehst!«

»Findest du? Kannst du mir gleich mal zeigen. Komm mit!«

Im Flur drängt er mich gegen eine Wand, presst sich an mich, reibt sich an mir, reißt sich das T-Shirt runter. »Ich war noch nicht duschen. Also leck!«

»Du stinkst nach Schweiß!«

»Das hat dir doch gefallen. Leck!« Befehlston. Er drückt meinen Kopf an seine Brust. »Zunge raus!«

Ich kann nicht anders. Er schafft es wieder, mir seinen Willen aufzuzwängen. Und so lecke ich an seiner Brust, es ist salzig, ich sauge an seinen Nippeln, er drückt mich langsam weiter runter. Nun bin ich an seinem Bauch, seinem Nabel, komme zum Hosenbund, er schiebt mich weiter runter, jetzt sitze ich am Boden, er zieht die Hose aus, reckt mir seine Latte hin. »Lutsch!«

Er hält mit beiden Händen meinen Kopf umklammert, fickt mich ins Maul, ich komme gar nicht zum Lutschen, dafür ist er zu schnell und ich denke schon, er will in mir abladen, doch nein, nun soll ich die Eier machen, ich schmecke den Sackschweiß, extrem viel nach so einem Tag, und ich muss noch weiter runter, seine stämmigen Oberschenkel, und als er sagt »Aufstehen«, denke ich, es ist vorbei, aber er dreht sich nur um. »Jetzt von hinten«, und ich fange im Nacken an, Schulterblätter, die Wirbelsäule runter, mein Salzbedarf ist für heute gedeckt, ich sitze wieder am Boden und bin an den Lendenwirbeln, nun höre ich auf.

»Weitermachen!«

»Was?«

»Weitermachen! Leck mir den Arsch!«

»Nein.«

»Doch! Leck mir den Arsch!«

»Nein. Thimo, du weißt, das hab ich noch nie …« Ich komme nicht dazu, den Satz zu vollenden, er drückt mit seinem breiten Hintern meinen Kopf gegen die Wand.

»Du findest es doch geil, wenn ich im eigenen Saft stehe! Deine Worte! Dann leckst du mir jetzt schön den Arsch! In der Kimme sammelt sich am meisten. Ich will kein ›Nein‹ mehr hören, klar? Leg dich auf den Rücken!« Er lässt mir wieder Luft.

»Thimo, ich …«

»Kein ›Nein‹, kapiert?«

»Ja, Thimo.«

Ich liege da, und schon hockt dieser feste Arsch auf meiner Fresse, schubbert auf mir, rechts, links, hinter, bis die Eier auf meiner Nase hängen, wieder vor, es riecht nach verschwitztem Arsch, zugleich öffnet Thimo meinen Gürtel, meine Hose, schiebt alles runter, ein kurzes »Wusst ich's doch!«, als er meine Latte sieht, dabei bin ich gar nicht spitz, ich will ihn nicht lecken, wieso steht er mir?

»Zunge raus!«, und es geht weiter, nun rieche ich den Arschschweiß nicht nur, nun schmecke ich ihn auch noch, er zieht seine Backen auseinander, er will meine Zunge direkt in seinem Eingang, ich wage es nicht, mich zu widersetzen, ertaste mit der Zungenspitze seine Rosette. »Zunge rein!«, befiehlt er, und ich bohre mich in sein Loch, er fängt an zu wichsen, sich und mich, und ich kann mich nicht mehr beherrschen, nun muss er denken, ich fände Arschlecken geil, dabei will ich das nicht, da wird es auf meinem Bauch warm und nass, er spritzt mich voll und ich explodiere, mein Sperma schießt raus, klatscht irgendwo hin, ich höre es.

Thimo steigt von mir ab, kniet sich neben mich, sieht zu mir runter, sagt, ein wenig spöttisch: »Na, war's geil?«

»Nein.«

»Das sieht aber anders aus!« Er deutet an die Wand, wo in Kniehöhe meine Soße runtertropft. »Nicht geil? Lüg mich nicht an! Du warst spitz wie Nachbars Lumpi und hättest sogar abgespritzt, wenn ich dich nicht gewichst hätte!«

»Nein.«

»Natürlich hättest du, und du weißt es auch, selbst wenn sich in dir noch irgendwas dagegen sträubt, ein Arschlecker zu sein. Aber du bist einer, du hast jetzt wieder was gelernt, und du wirst mir in Zukunft den Arsch lecken, wenn ich will, ohne Zirkus zu machen!«

»Nein, Thimo.«

»Doch Carsten, wirst du, und wenn du einen findest, der dich lecken will, meinetwegen, aber du selbst leckst nur mein Arschloch, und morgen bittest du darum.«

»Nein, Thimo.«

»Wie heißt das?« Sein Gesicht kommt näher.

»Ja, Thimo.«

»Brav, Carsten.« Er küsst mich, seine Zunge steckt schon in meinem Mund, und ich weiß, er hat recht, ich werde morgen tun, was er will.

22. In der Dusche

Fünf Leute hat Kevin zu seiner Feier eingeladen, zusammen werden wir dann also acht sein.

Wir gehen seine Einkaufsliste durch. »Fleisch«, hat er aufgeschrieben, etwas undifferenziert, wir schlagen Bratwürste vor und Halsgrat. Letzteres sagt ihm nichts, aber er glaubt uns, dass das geeignet ist. An Senf und Ketchup hat er gedacht, aber das kann er aus unserem Kühlschrank haben. Brot will er, gut, und Kartoffelsalat.

»Du willst doch keinen fertigen Kartoffelsalat kaufen? Kannst du selbst machen. Ist billiger und schmeckt besser.«

»Aber ich kann das nicht.«

»Wir zeigen's dir. Was willst du noch?«

»Was zu trinken. Bier und eine Flasche Wodka.«

»Den Wodka kannst du vergessen, kaufen wir ganz sicher nicht. Was denkst du, was los ist, wenn am Sonntag einige Jugendliche mit Alkoholvergiftung in unserm Schuppen liegen? Bier ist in Ordnung, aber wir nehmen auch was Alkoholfreies dazu.«

Thimo und ich haben beschlossen, den Einkauf für sein Fest zu übernehmen, das soll unser Geschenk sein, und dazu nur eine Kleinigkeit, damit er auch was auszupacken hat. Für Freitag speisen wir ihn mit einer Ausrede ab, er soll am Samstagmittag wiederkommen und seine Sachen vorbereiten.

Als er aufkreuzt, wir ihm ein Päckchen geben, das mit dem Einkauf sagen und ihn zum Gratulieren in den Arm nehmen, fängt er unvermittelt an zu heulen.

»Kevin, was ist los?«

»Entschuldigung, ich, ich...« Er schnieft und schnäuzt sich: »Von euch kriege ich was und darf hier feiern, und meine Mutter hat's vergessen. Sie hat's vergessen!« Er hängt wieder schluchzend an Thimos Brust, der versucht, ihn zu trösten.

»Kevin, wir wissen das Datum jetzt. Auch nächstes Jahr noch, wenn du achtzehn wirst. Versprochen.«

Langsam beruhigt er sich wieder, Thimo will jetzt mit ihm den Salat machen. Ich muss raus, Kunden sind gekommen.

Thimo kichert, als er später auftaucht. »Er ist noch ein halbes Kind und eigentlich ist es nicht lustig. Er wollte für den Salat die Kartoffeln erst schälen und dann kochen. Aber bei dieser Mutter wundert mich nichts mehr.« Mich auch nicht.

Wir haben uns nur um den Grill gekümmert und die restlichen Vorbereitungen Kevin überlassen, und so ab halb sieben trudeln seine Freunde ein, wohl alle aus seiner Klasse. Als der erste aufs Klo muss, schicken wir ihn in die kleine Anbauwohnung, weisen darauf hin, dass sie sich auch zum Pinkeln hinsetzen sollen. Stöhnen. »Sagt meine Mutter auch immer!«

Uns ist klar, dass sie lieber unter sich sein wollen, und bald nach dem Essen verziehen wir uns, nehmen uns jeder noch ein Bier mit. Wir bieten für morgen Frühstück an, aber bis auf einen müssen alle heute noch heim. Wir sind kaum um die Ecke, als einer fragt: »Sag mal, sind deine Chefs schwul?«

Wir warten auf Kevins Antwort.

»Keine Ahnung.«

»Wohnt hier auch 'ne Frau?«

»Glaub nicht.«

»Dann sind sie schwul. Machen sie sich an dich ran?«

»Was? Nein, spinnst du?«

Albernes Gelächter.

»Waren wir in dem Alter auch so?«

»Wahrscheinlich. Frag deine Eltern. Zumindest Kevin hat ganz vernünftig reagiert. Er konnte ja nicht sagen, dass er hofft, wir würden uns an ihn ranmachen.«

»Stimmt. Du könntest dich aber an mich ranmachen. Samstagabend. Sexzeit. Wir könnten Porno gucken.«

»Thimo, bei dir piept's! Was machst du, wenn den Jungs irgendwas einfällt und plötzlich einer in der Tür steht? Außerdem kann man von draußen hier reinsehen.«

»Wir sperren ab. Aber gut, dann eben nicht Porno gucken. Ich weiß sowieso was Besseres. Es reicht ja, wenn einer angezogen bleibt. Geh schon mal ins Bad und zieh dich aus. Ganz nackig, du kleines Schweinchen! Und hock dich in die Dusche. Hocken.«

Was will er denn jetzt wieder? Wir haben es schon manchmal unter der Dusche getrieben, Ficken im Regen, ganz nett, aber dazu müsste er sich ja wohl auch ausziehen. Und außerdem – im Sitzen?? Ich werde mich überraschen lassen, mache aber, was er will.

Nach einigen Minuten taucht er auf. »Du bleibst sitzen!« Er öffnet nur seinen Reißverschluss, holt Schwanz und Sack raus.

»Was wird das jetzt?«

»Das wirst du gleich merken.« Er stellt sich vor die Dusche. »Du hast heute wieder hinten bei den Büschen gepullert. Denkst du, ich seh das nicht? Ich hab's dir verboten!«

»Ich …«

»Du hast gewusst, dass du das nicht sollst! Und deshalb pass jetzt auf, und überleg dir genau, was du machst. Wenn du unten bleibst, pisse ich dir jetzt nur auf den Schwanz und die Eier. Wenn du aufstehst, demnächst in die Fresse. Es wird sich eine Gelegenheit ergeben, glaub mir. Hast du verstanden?«

Ich will mich überhaupt nicht anpinkeln lassen. Nirgendwo.

»Thimo, das ist …«

»Keine Diskussionen.«

Er scheint wild entschlossen und wird nicht mit sich reden lassen, ich habe nicht gedacht, dass es ihn so aufregt, wenn ich die Büsche gieße. Und wenn er will, findet er eine Gelegenheit, ich lutsche oft genug seinen Pimmel, da könnte er jederzeit loslegen.

Er starrt mich an.

Ich bleibe sitzen.

Eine halbe Minute vielleicht, dann geht es los. Ein satter gelber Strahl schießt aus seinem Pissschlitz, trifft erst ein Knie, dann mein Geschlecht, wandert an meinem Schwanz von der Wurzel zum Kopf und zurück. Da ist wieder dieser Geruch, wie neulich mit Ingo im Stall. Männerklo. Nun zielt er auf meinen Sack, meinen Schwanz, wieder den Sack, keinen halben Meter vor meinen Augen ist dieser fette Nillenkopf, der literweise das Zeug rauslässt.

Mein Pimmel stellt sich auf, reckt sich dem Pissstrahl entgegen, ich fasse nicht hin, das kommt nur von dem Wasserdruck, ich sehe, wie Thimos Mundwinkel nach oben gehen, ich weiß, er wird behaupten, ich fände es geil, eingesaut zu werden, aber … nein, es ist eine Sauerei, wenn er pissen muss, soll er aufs Klo gehen und nicht mich … ich habe jetzt eine richtige Latte stehen, er strullt auf meine Eier, allmählich lässt der Druck nach, der Strahl bricht ab, geht über in ein Tröpfeln, versiegt ganz.

Weil ich mit dem Hintern auf dem Abfluss sitze, hocke ich nun vollsteif in der gelben Brühe und habe Thimos saugeile Rübe fast direkt vor meiner Nase, ein paar Tropfen hängen noch dran.

Thimo bleibt einfach stehen, und ich … ich lecke ihm die Tropfen ab, lecke seinen ganzen Schwanz, ich weiß, er hat darauf gewartet, ich habe das ganze Ding drin, seine Wolle kratzt in meinem Gesicht, in mir wächst er und wächst, Hände halten meinen Kopf fest, Thimo verpasst mir jetzt einen Maulfick, und er scheint so geil, dass er bald kommen wird, ich muss es mir selbst besorgen, er ist schneller, pumpt mir schon seinen Eierschleim rein, ich bleibe an ihm hängen, bis mir selbst die Soße rausschießt.

Wir duschen noch zusammen. Wenn wirklich einer der Jungs klingeln sollte, muss einer von uns schnell in einen Bademantel schlüpfen.

»Was hast du dir eigentlich dabei gedacht?«

»Mehreres. Es ärgert mich wirklich, wenn du draußen pullerst. Geh gefälligst aufs Klo! Aber ich war auch fast sicher, dass es für dich keine wirkliche Strafe sein wird. War's ja wohl auch nicht. Obwohl du dich, wenn ich einfach so gesagt hätte, ich will dich vollpissen, freiwillig nicht in die Dusche gesetzt hättest.«

»Darauf kannst du Gift nehmen.«

»Wusste ich. Deshalb kam mir das durchaus gelegen, dass ich dich anmotzen konnte. Denn ich dachte mir auch, dass es dir gefallen wird.«

»Wieso? So was hab ich nie auch nur angedeutet!«

»Aber so wie du im Stall geglotzt hast, als ich Ingo über die Glatze geschifft habe, da wärst du gern an seiner Stelle gewesen. Du bist doch gekommen, weil du das gesehen hast, nicht weil du ihn gebumst hast. Hab ich recht?«

Er hat recht, wir wissen es beide.

»Du sollst dir aber deshalb keine Glatze schneiden lassen, du gefällst mir mit Haaren besser. Musst sie halt danach waschen.«

»Wir sollten vielleicht doch über Warmwasser im Stall nachdenken.«

Er küsst mich.

Bevor wir schlafen gehen, schaue ich kurz raus, aus der Scheune dringen Stimmen und etwas, das ich, mit viel gutem Willen, als »Geräusche« bezeichnen würde, eigentlich halte ich es für Krach, aber die Burschen denken vermutlich, es wäre Musik.

»Was willst du?«, meint Thimo. »Die sind zwanzig Jahre jünger als wir. Andere Generation.«

Im Bett wartet Thimo, ganz nackt, jetzt ist Zärtlichkeit angesagt, Haut auf Haut, küssen, streicheln, überall, Thimo nuckelt an meinem Pimmel, saugt an meinen Eiern, er legt sich auf den Bauch, macht die Beine breit und ich lecke seinen Arsch aus, das gehört jetzt oft zu unserem Vorspiel, er lässt die Muskeln spielen und ich züngle um seine Rosette, ziehe mir seinen Geschmack rein, mit Nase und Zunge fahre ich seine Furche entlang, ich weiß, die Arschleckerei macht ihn schnell sehr geil, nun reckt er den Hintern hoch, sein Steifer baumelt da, ich krieche auf dem Rücken zwischen seine Beine, er fickt mich in den Mund, während ich mir selbst einen abrubble, bis sein Schwanz in mir zu spucken anfängt.

Thimo liegt hinter mir, Brust an Rücken, Lenden an Hintern, heute wird nichts mehr passieren, aber es ist schön, so eng zusammen zu sein.

»Carsten?«

»Hm?«

»Legst du dich mal wieder auf den Bock im Keller? Als ich ihn gebaut habe, habe ich mir schon immer dich darauf vorgestellt. Nichts gegen Conny, Ingo und Robert. Aber du …«

»Machen wir. Aber nicht fesseln, da müsste ich an Joshua denken, und …«

»Verstehe. Ich würde gern, aber das verstehe ich. Lassen wir weg, solang du es willst. Gut?«

»Ja. Und wenn du dich mal selbst draufpackst, könnte ich dir schön den Arsch lecken.«

»Carsten?«

»Hm?«

»Hab dich lieb!«

»Ich dich auch!«

23. Noch nicht

Thimo pennt noch, als ich aufwache. Ich lasse ihn schlafen, mache mich leise fertig und gucke schon mal raus. Das Tor der Scheune ist zu, also knacken die Jungs wohl auch noch. Ich will schauen, ob sie zumindest das Klo ordentlich hinterlassen haben oder ob womöglich einer daneben gereihert hat. Wir haben Kevin gesagt, für Aufräumen und Putzen wäre er zuständig.

Als ich in den Flur unseres Anbaus trete, steht die Tür zur Wohnküche auf und da fahren Kevin und … ich glaube, Marco, hoch. Sie sind da zusammen nackig auf der Matratze gelegen, haben an sich rumgefummelt.

Ich bin schon wieder draußen. »Entschuldigt, hab nicht gewusst, dass ihr hier seid.«

Ich wecke Thimo und berichte ihm. »Unser Kevin wird zum Mann. Wenn sie das gestern Abend gemacht hätten, hätte ich es vielleicht auf ein Bier zu viel geschoben. Aber jetzt …«

»Das ist gut. Hoffen wir, dass er nun einen in seinem Alter hat.«

»Ja. Ich mache jetzt Frühstück. Steh auf und hilf mir. Wer weiß, wann die beiden auf der Matte stehen.«

»Moment. Du hast was vergessen.« Er schlägt die Bettdecke zurück, Morgenlatte, wie zu erwarten war. »Eheliche Pflichten!«

»Thimo, wir sind nicht verheiratet.«

»Noch nicht!«

»Soll das ein Antrag sein?«

»Wenn du willst ... Und jetzt blas mir einen. Sonst kann ich nicht pissen.«

Damit er Ruhe gibt, sauge ich ihm schnell einen ab, hoffe, dass ich die Jungs nicht zu sehr geschockt habe und sie sich noch etwas miteinander verlustieren, bevor sie in der Küche auftauchen. Als Thimo abgesamt hat und ich mich aufrichten will, hält er mich fest.

»Carsten, es war ernst gemeint!«

»Du hättest vielleicht auf eine etwas romantischere Gelegenheit warten können. Steh auf!«

Thimo kommt in die Küche. »Entschuldige, du hast recht, die Gelegenheit war wirklich unpassend, es ging mir einfach durch den Kopf, als du gesagt hast: ›Wir sind nicht verheiratet.‹ Aber es ist trotzdem ernst gemeint.«

Bevor ich antworten kann, unterbricht uns das Knarzen der Haustür – und da stehen schon Kevin und Marco in der Küchentür. »Entschuldigung. Dürfen wir reinkommen?«

»Sicher, setzt euch. Und entschuldigt bitte wegen vorhin. Ich dachte, ihr pennt in der Scheune.«

Marco scheint weniger befangen als Kevin. »In der Nacht ist es uns zu kalt geworden, da sind wir rein. Aber Sie ... Sie sagen das doch niemand, oder?«

»Natürlich nicht, keine Sorge. Das geht nur euch was an.«

Er zögert, doch denn platzt es geradezu aus ihm heraus, die Neugier ist einfach zu groß. »Sind Sie eigentlich schwul?«

»Hast du das gestern auch schon gefragt?«

»Das haben Sie gehört? Nein, das war Sammy.«

»So. Also ja, wir sind schwul. Weitere Fragen?«

Nun fasst sich Kevin ein Herz. »Seid ihr auch verheiratet? Das geht doch jetzt, oder?«

»Das geht, ja. Aber nein. Noch nicht.«

GAY HARDCORE

Durch einen schweren Schneesturm wird die winterliche Bergtour für Jason und Nico zu einem gefährlichen Abenteuer. Als Schutz vor nächtlicher Kälte ist Körperwärme hilfreich, doch am nächsten Morgen herrscht betretenes Schweigen. Dann liefern sich die beiden harten Kerle einen erbitterten Kampf darum, wer das Sagen hat. Um Nähe zu erreichen, muss Widerstand gebrochen werden, statt Partner sind sie abwechselnd Sieger und Verlierer.

Jo Perridge / Cliff Morten
Gay Hardcore 16: Seilschaft
160 Seiten, Softcover, 10,5 x 17 cm
ISBN 978-3-95985-391-0
€ 12,99

LKW-Fahrer Roland tritt eine neue Stelle an in einer fremden Stadt. Auf seinen Touren für eine Umzugsfirma erlebt er immer wieder lustvolle Abenteuer. Bald lernt er zwei Kollegen kennen, die schon lange befreundet sind und sich über Abwechslung freuen; manchmal kommt auch Pizzabote Toni dazu. Ob in schummrigen Biergärten, auf entlegenen Rastplätzen oder halb ausgeräumten Wohnungen – das Quartett ist ausgesprochen erfinderisch.

Max Wildrath
Gay Hardcore 17: Der Möbelpacker
176 Seiten, Softcover, 10,5 x 17 cm
ISBN 978-3-95985-406-1
€ 12,99

GAY HARDCORE

Nick Holzner
Gay Hardcore 18:
Volle Ladung
208 Seiten, Softcover,
10,5 x 17 cm
ISBN 978-3-95985-407-8
€ 12,99

Der 35-jährige Christoph liebt seinen Job: Mit seinem Truck fährt er das ganze Jahr über quer durch Europa. Die langen Fahrtzeiten im Cockpit seines Riesen-Brummers verkürzt er sich mit versauten Chats oder er macht schon mal das nächste Date klar. Egal ob mit dem devoten Trucker auf dem Rastplatz oder dem heißen Lagerarbeiter in der dunklen Fabrikhalle: Hier werden volle Ladungen ausgetauscht.

RAGING STALLION
STUDIOS
REAL MEN RAW.
RAGINGSTALLION.COM